The Complete
Conversations With God I（Vol. 1）

與神對話 I 上

尼爾・唐納・沃許——著
王季慶——譯

〈新版序論〉

一套讓全球千萬個心靈深受撼動的訊息

尼爾・唐納・沃許

十年前，《與神對話》第一部首度在美國的許多書店亮相，在短短的時間內上萬本的書就銷售一空，這股旋風震憾了出版界，同時也榮登《紐約時報》排行榜最佳暢銷書之列持續了多達一百三十七週之久——相當於兩年半的時間。之後，陸續出版的《與神對話》第二、三部，也都在暢銷排行榜之列。

至今《與神對話》三部曲已被譯成三十四種語文，世界各地的書店幾乎都能看見這套書的蹤影，在靈性類作品中，它蔚然成了最廣為讀者閱讀的書籍。在許多國家和城市裡，甚至很難找到有人沒聽過這套驚世之作的。

這個現象和銷售量，究竟是如何達成的？這樣的事情又為何會發生呢？

原因並非因為我是個優秀的作家，也不是因為我的資料來源有多麼無懈可擊。它之所以會發生，是因為人們已經開始對自己失去了耐心。對現代人而言，人類無法持續生活在目前的生存狀態，已經是毋庸置疑的事實。

我們無法秉持目前所秉持的意見，無法信奉我們一直以來都在信靠的真理，甚至是無法繼續說我們目前所說的話，展現出我們目前所展現的行為。有一些事情是必須要改變的，亦或是萬事都無可避免地需要進行改變，並不是只為了追求更好；事實上，有一些事物，在萬物都停頓之前，必須被停止。

了解這個道理的人，也就會不斷地尋求答案，而《與神對話》這套書——來得正是時候。這個世界比以往的任何時候都更加的明智，人們也知道，這不僅是我們所面對的許多問題，同時也是這些問題性質上的必然性。

在二〇〇四年六月二十三日，新聞通訊社發布了一則撼動人的新聞稿，報導中提到，一家著名的市調公司在過去幾個月所作的一項科學調查中指出，美國有百分之六十九的成年人認為達到世界和平最大的障礙是宗教上的歧異。

沒有什麼比這個數據更接近真理——世人大多數也都能了解，這也是為什麼在所有出版《與神對話》的國家中，這套書都能打入暢銷書排行榜的道理。人們可能無法回答人生中最大的疑問，但卻知道如何在原本的答案失效後另覓解答。

現在我們終於開始了解到錯在哪裡（也能夠去承認以往的錯誤），亦可以去審視神、生命，以及這之間相互的另類關係（一旦信仰起了變化，這三種元素就會像骨牌理論一樣，開始崩潰）。此外，我們也終於可以看到一個更新的世界。

《與神對話》三部曲，事實是一個完整的概念，正如過去我曾多次提到過的——我並無意要讀者相信，事實上我的確曾與神對話，而找出存在的價值。我從未曾要求人們相信我的親身體驗，只不過是要人們以開闊的胸襟與無畏的心態（無論其動力的來源如何），來探討這套書所提出的理念。

自從《與神對話》三部曲出版之後，有超過十萬人次的讀者，將他們個人的心得筆錄、函件和電子郵件寄給我，並告訴我這些書的內容與素材，已經發揮了正面的巨大影響——未來的願景展現了曙光、態度已有所改變、罪惡感不再、人際關係大大地增強、性生活不再羞澀、婚姻關係維繫良好、重拾了自尊、生理心理與精神的健康獲得改善，同時也恢復了對神的信心。

你聽清楚了嗎？——恢復了對神的信心。

這句話已成了世人所有標的；這套書既不是要創造一個攪亂人心的信仰系統，然後去否定信仰，也不是要提出一個相互矛盾的宗教理念來替代宗教，而是要重開與神進行討論的方式，來恢復與重振人們與神性之間的關係。

我無法告訴你，在成千上萬的函件中，究竟有多少件提出他們的評論，僅能略述一、二如下：「二十年來的第一次，我的心靈再次為神開啟。」「我的先生說：『天啊！現在終於有一個我可以相信的神。』」這些函件中最讓人回味的，是一封來自一位美國奧勒岡州的女性讀者十年前給我的，她的信中有一段話我永遠無法忘懷：「謝謝你為我引薦了一位我可以深愛的神。」

有許多諸如此類的總結，譬如「我可以深愛的神」就是唯一可以拯救這個世界的神。這也是你在這套書中所要追尋的神。

如果你過去曾經讀過《與神對話》一部曲或全部內容，如今再次回味這些令你心靈深受感動的奇妙訊息，可能意味著它現在仍然能夠感動你。現在是你重新回到與神情誼連繫，也是重新再拾回那神奇美妙關係的最佳時刻。

如果你是第一次接觸到這些內容，而你認為這純粹只是意外遇上的巧合時，不妨再多想想。為何這套書會在這個時間點讓你遇上？為何會以這樣的形式讓你遇上？請回應你心靈的搜尋，你心中禱告的正主，還有你靈魂的渴望。

相信它。

天下沒有偶然這回事。

絕對沒有。

〈自序〉神的指引

你即將有一個特殊的經驗。你即將與「神」對話。沒錯，沒錯。我知道……那是不可能的。你也許會想（或曾經想過）那是不可能的。當然，一個人可以跟神說話，但卻非與神對話。我是說，老天是不會答話的，對吧？至少，不會以一種例行的、日常的對話方式和你談。

我也是那樣想的，然而，這本書所記載的事卻發生在我身上。我是說它真的是發生在我身上。這本書並不是我杜撰，卻是發生在我身上的。而在你閱讀它時，它也將發生在你身上，因為我們全都會被引領到我們已準備好去接受的真理上。

如果我將所有這一切都隱瞞起來，我的日子可能好過得多。然而它發生在我身上是有它的道理的。且不論這本書造成了我什麼不便（比如說被人斥為褻瀆神祇者或騙子；由於過去沒按這些真理生活而被斥為偽善者，或——也許更糟些——是一位聖者），我現在已不可能去挽回了。我也並不想那樣做。我曾經有機會放棄這整件事，但我並沒那樣做。關於這份資料，我已決定忠於我的本能告訴我的話，而非大部分世人告訴我的。

我的本能說，這本書並非胡言亂語，既不是一個受挫的性靈想像力的過度使用，也不只是一個男人為誤入歧途的人生尋求辯護的自我合理化。哦，這些理由——所有的每一項——我都已想到過，所以我將這資料的原稿拿給幾個人看。他們很受感動，他們哭了，也因為其中的喜悅和幽默而笑，他們並且說，他們的人生改變了，他們被震懾了，他們被賦予了力量。

許多人說他們被改變了。

就在那時，我知道這本書是給每個人的，它必須出版；因為對於所有那些真正想要答案，以及那些真正關心問題的人們，對所有以誠摯的心、渴望的靈魂，及開放的心態從事真理的追求的人，它是件絕妙的禮物。而那幾乎包括了我們所有的人。

就算不是全部，這本書至少答覆了我大半有關生命與愛、目的與功能、人與關係、善與惡、愧疚感與罪、寬恕與贖罪、通往神及往地獄之路……每樣事……的問題。它直接的討論性、權力、金錢、孩子、婚姻、離婚、畢生志業、健康、身後事、前生……每樣事。它探討戰爭與和平、知與不知、予和取、悲和喜。它考察具體與抽象、可見與不可見、真實與虛偽。

你可以說這本書是「神對事情最新近的看法」。雖然有些人可能不大能接受，尤其是，如果他們認為神兩千年以前便閉口不言了，或認為如果神真的繼續和人保持連絡的話，他也只會和聖者、女巫或曾冥想三十年、做善人二十年或至少有十年時間還算正派的人（我不屬於上述任何一類）連絡。

但事實是，神跟每一個人說話，好人和壞人，聖者和無賴，以及在兩者之間的我們所有的人。就拿你來說吧，神就曾以許多方式來到你的生命中，而現在就是其中的另一個。你不是常聽到這麼一句老格言：當學生準備好了時，老師就會出現？這本書便是我們的老師。

在這些事發生在我身上不久之後，我便知道我是直接的、個人的、不可辯駁的在與神交談。而神是直接按照我理解能力的比例來回應我的問題。也就是說，我所得到的答覆，是以神知道我會了解的方式和語言來說的。這就是為什麼書中的文字有時會用到許多通俗口語，也偶爾會提到我從別的地方，以及從我人生先前的經驗得來的資料。如今，我知道，在我一生中所有來到我身上的每樣東西都是從神那兒來的，而現在才被吸到一起，拉到一塊兒，成為對我有生以來所曾有的每個問題的一個壯觀而完整的回應。

在這過程中，不知道什麼時候，我已覺悟到一本書正在形成——預定要出版的。事實上，在這對話的後期（一九九三年二月）我已被明確告知，實際上會出三部書——連續三年，從復活節到復活節——並且：

第一部將主要討論個人的問題，集中焦點在個人的人生挑戰與機會上。

第二部將討論較為全球性的題目，如地球上的地緣政治學及形而上學，以及目前世界面對的挑戰。

第三部將討論最高階的宇宙性真理，以及靈魂的挑戰和機會。

現在我必須承認，當我再反覆讀這裡面所包含的智慧時，我對我自己的人生深感汗顏。我一生留下了種種污點：持續的錯誤和惡行、一些非常可恥的作為，以及一些我確知別人會認為是有害而不可原諒的選擇和決定。雖然我悔恨不已自己是透過別人的痛來學習的，我仍抱著說不出的感激，並且由於在我生命中的一些人，我發現自己還有得可學的呢！對於我學習的緩慢，我向每個人致歉。然而，神鼓勵我寬恕我自己的失敗，不要活在恐懼與愧疚裡，永遠的繼續嘗試——繼續努力——去活在一個更大的視野裡。
我知道那是神要我們每個人都擁有的。

目
CONTENTS
錄

上冊

下冊

1 憶起，並且重新創造你是誰

那一年春天——我記得是在復活節的前後——我的生命出現了一個特殊現象，神開始透過我跟你們說話。

容我解釋得更清楚一些。

在那段時期，就個人、事業與情緒而言，我正處於很不快樂的狀態中，我的人生在所有層面上都像是失敗了似的。由於多年來我一向習於將我的思緒寫成信（通常是永不寄出的信），所以，這一天，我又拿起了我忠誠的黃色便箋紙，開始傾瀉出我的感受。

這一次，我想，與其寫信給另一個我想像曾欺騙過我的人，不如直接訴諸本源；直接去找最會欺人的那一位。我決定給神寫封信。

那是一封含著嗔恨與激憤的信，充滿了惶惑、扭曲、責難，以及一大堆憤怒的問題。

我的人生為什麼事事不順？我到底得做什麼才能讓它順？為什麼我無法在親密關係中找到快樂？是否我永遠也不會有夠用的錢？最後——且最重要的——我到底做過些什麼事，活該要有如此不斷掙扎的一生？

令我驚訝的是，當我潦草的寫完我的怨苦及無法回答的問題，準備將筆扔到一邊時，我的手卻仍然懸在紙上，好像被什麼看不見的力量扶著似的。突然，筆開始自己移動起來。我全然不知將要寫些什麼，但似乎有了一個想法，所以我決定順著它，寫出來……

你是真的想要這所有問題的答案呢，還是只是在發洩？

我眨了眨眼……然後我的大腦出現了一個答案，我將它寫了下來。兩者皆是。當然，我是在發洩，但如果這些問題有答案，我寧可下地獄（譯注：原文「sure as hell」是句粗俗口頭語，有點「真是他媽的……」之意，但若照原意譯，神下面幽默的提出與之相對的「sure as heaven」，就無法中譯了。）也要聽聽看！

你對許多事情都是「寧可下地獄」，為何不是「寧可上天堂」呢？

而我寫道：

你那是什麼意思？

在我還沒弄明白之前，我已經開始了一段對話……而且我也不像在寫東西，反倒像在「做筆錄」。

那筆錄一做就做了三年，而在當時我完全不知道它會發展到什麼狀況。我寫在紙上的問題之答案，直到問題被完整的寫下來、我將我自己的思緒放掉之前，並還沒出現在我腦中。然後答案往往來得比我能寫的還快，我發現自己只能潦草的寫，以便趕上。其間由於惶恐、疑惑「這些字句是否來自另一個來源」，我曾擱下筆走開，直到再一次的受到感召——抱歉，那是唯一真正恰當的字眼——我才再度回到黃色便箋紙上開始轉錄。

當我在寫這篇文字時，這些對話仍在繼續。其中大部分將出現在以下的篇章裡……包含了原先我不相信，隨後又假定是有個人價值、令人驚愕的對話，而現在我才了解，它不只是衝著我個人而來，它也是要給你，以及每位讀到這資料的人。因為我的問題也就是你們的問題。

我希望你能盡快的進入這對話，因為重要的是，這並非只是我的故事，也是你的故事。是你的人生故事將你引領到這兒的。這個資料針對的是你個人的經驗。否則，現在你就不會在這兒讀它。

那麼，現在就讓我們用我問了好久好久的一個問題來進入這對話：神怎樣說話，又對誰說？我問到這個問題時，下面是我得到的答覆：

我跟每個人說話，一向就是如此。問題不是在我跟誰說，而是誰在聽？

這倒引起了我的好奇心，我馬上請神再多談談這主題。以下就是他所說的：

首先，讓我們以溝通（communicate）這個字來取代說話（talk）這個字。溝通是個好得多、充實得多、正確得多的字眼。當我們嘗試彼此對話——我對你或你對我時，我們立刻會被字句不可置信的限制所局限了。為了這個理由，所以我不會單藉字眼來溝通。事實上，我也鮮少那樣做。我最常用的溝通方式是透過感受（feeling）。

感受是靈魂的語言。

如果你想知道你對某件事的真實想法，只要注意你對它的感受如何。

要體悟到感受有時候很難——要承認更難。然而，你最高的真實便隱藏在你最深的感受裡。

訣竅就在你是否能搆到那些感受。如果你還想知道的話，我可以教你如何辦到。

我告訴神我真的想知道，但目前，我更希望我的第一個問題能先得到一個完整而充分的答覆。以下即為神所說的：

我也以思維（thought）來溝通。思維和感受並不相同，雖然它們可以同時出現。當以思維溝通時，我往往會利用影像和畫面。因此，就溝通工具來說，思維比光是文字本身更有效多了。

除了感受和思維之外，我也用經驗（experience）這媒介來做為一個偉大的溝通工具。

而最後，如果感受、思維及經驗全都失效時，我才用語言（words）。語言真的是頂頂無效的溝通工具。它們最容易招致錯誤的詮譯，最容易被誤解。

理由何在呢？那是由於語言本身是什麼的問題。語言只是發音（utterance）而已：代表感受、思維和經驗的「噪音」。它們是象徵符號、記號、標誌。它們並非真相。它們並不是真實的東西。

語言也許可助你了解某件事，經驗卻使你更明白。然而有些事是你無法經驗的，所以我給了你們其他的認知工具，也就是感受，以及思維。

然而，最大的諷刺是，你們全都將神的話語視為如此重要，反而輕視經驗。

事實上，你們如此漠視經驗，以至於當你對神的體驗不同於你所聽到有關他的話時，你就自動的捨棄那經驗而認同那些字句，儘管應該剛好相反才對。

你對一件東西的經驗和感受，代表你對那件東西事實上和直覺上所知的事。語言只能設法表達出你的所知，並且常常能擾亂你所知的事。

因此，這些就是我溝通的工具，然而它們並非就是方法，因為並不是所有的感受、所有的思維、所有的經驗及所有的語言都是來自我的。

許多話語曾以我之名被他人說出。許多思維和許多感受，曾由非我所直接創造出來的主義所發起。許多的經驗都是由此而起的。

問題就在於辨識力。難就難在如何辨識哪些訊息是由神，哪些又是由其他來源來的。只要運用一個基本法則，分辨就很簡單了：

你最高的思維、你最清晰的話語、你最崇高的感受是來自我的。而任何較次的都是來自其他的來源。

現在分辨的重任就變得容易起來了，因為，即使對初學者而言，也該不難認出哪個是最高、最清楚和最崇高的。

不過我願意再給你們一些指導方針：

「最高的思維」永遠是那包含喜悅的思維。「最清楚的話語」永遠是那些包含著真理的話語。「最崇高的感受」，就是你們稱為愛的那種感受。

喜悅，真理，愛。

這三者是可以互換的，而其一永遠導向另一個，不論它們的先後次序如何。

有了這個指導原則，便很容易決定出哪個訊息是我的，哪個來自其他來源。剩下的唯一問題是，我的訊息有沒有受到注意。

我的大部分訊息並未受到注意。有些訊息是由於看起來似乎太好了，令人覺得不可能是真的；有些訊息是因為看起來好像很難了解；有些訊息也許是因為它們根本就被誤解；而大多數的訊息則是因為根本沒被接收到。

我最強而有力的訊息是經驗，但這個你們也忽略了。你們尤其忽略了經驗。

只要你們曾傾聽自己的經驗，你們的世界便不會像是今天的情況。不聽你們經驗的結果就是，你們要一直重新經驗它，一遍又一遍。因為我的目的不會受到阻撓，我的意志也不會被忽視，你們遲早會收到訊息。

但是，我不會勉強你們，我永遠不會強迫你們。因為我給了你們自由意志——依照你自己的選擇去做的權力——而我永遠也不會拿走它。

因此我會繼續一而再、再而三的送給你們同樣的訊息，在整個「千禧年」（millennia）間，並且到你們所居住宇宙的每一個角落。我會不停的向你們傳送我的訊息，直到你們接收到它們，緊緊的抱住它們，稱它們為你們自己的為止。

我的訊息會以各種的形式到來，在千般不同的片刻，橫跨百萬年。如果你真正聆聽的話，你就不會錯過。而一旦你真的聽到，你也就無法忽略。於是我們的溝通才會真誠的開始。因為在過去，你們只是單方面的對我說話、向我祈求、跟我求情。然而如今，我卻可以直接答覆你們，正如我現在正在做的。

可是我如何能得知這些訊息是來自神？我如何能得知這並不只是我自己的想像？

這又有什麼差別呢？你不知道我可以透過你的想像力運作，就如透過任何其他方式一樣的容易嗎？在任何既定的一刻，用一種方法或數種方法，我都能帶給你完全適合你當時目的的最精準的正確思維、語言或感受。

你會知道這些話是來自我的，因為你自己從沒講得這麼清楚過。如果你已然能對這些問題講得如此清楚，你也就不會提出來問了。

神都跟哪些人通訊？有沒有什麼特別的人？特別的時期？

所有的人都是特別的，而所有的片刻也都珍貴如黃金。並沒有哪個人或哪個時刻比其他的更特別。然而有許多人卻寧可相信神是以特別的方式只對特別的人說話。這豁免了大部分的人要聽我的訊息的責任，更不用說收到它了（那又是另一回事），使得他們可以在每件事上都聽從別人的。你認為沒有必要聆聽我，因為你已經認定別人已聽過我所談的每一個主題，而你只要聆聽他們即可。

然而，藉由聆聽別人所認為他們聽到的我所說的話，你根本就不必思考了。

這就是在個人層面上大多數人不理會我的訊息的最大理由。因為如果你承認你是直接的接收到我的訊息，那麼你就得負責去詮釋。接受別人（即使是那些活在兩千年以前的人）的詮釋，比你自己要詮釋你正在收到的訊息要來得安全，並且容易得多。

然而我邀請你來參加與神的一種新型的溝通，一個雙向溝通。事實上，是你邀請了我。因為我現在會以這種方式來到，就是來答覆你的呼喚。

就拿基督為例，為什麼有些人彷彿比別的人更能聽到你的訊息？

因為有些人願意真正傾聽。他們願意聽，縱使當訊息看起來似乎是可怕、瘋狂，或根本就錯誤時，他們仍願對這樣的通訊保持開放的心態。

那我們是否該傾聽神的話，縱使當他說的似乎是錯的時？

對，尤其是當訊息似乎是錯的時。如果你認為在每一事件上你都是對的，那又何需跟神談話呢？

儘管對所有你知道的事採取行動。但請注意，有史以來你們就一直在那樣做。可是看看世界現在成了什麼樣子。很清楚的，你們就是錯過了什麼，很顯然有些事你們並不了解。你們真了解的事，就你們而言，必然看起來是對的，因為你們用「對」這個字眼來指明你們所同意的事。所以，你們錯過的東西可能在最初會顯得是「錯」的。

唯一一條讓你向前邁進的路是問你自己：「如果每樣我認為是『錯』的事，實際上是『對』的，會變成怎麼樣？」每位偉大的科學家都明白這一點。當一位科學家所做的實驗進行不順時，他就會將所有的假設先擱在一邊重新開始。所有偉大的發現，都是被甘願「不對」的意願和能力造就出來的。而那就是我們這裡所需要的東西。

除非你停止告訴自己你已然認識神，否則你就無法認識神。除非你不再認為你已然聽見神，否則你就無法聽見神。

除非你不再告訴我你的真理，否則我無法告訴你我的真理。

但我對神所知的真理是來自你。

誰說的？

別人。

什麼別人？

領袖們、牧師們、教士們、神父們、書籍。老天，還有《聖經》！

那些並非權威性的來源。

不是嗎？

不是。

那什麼才是？

傾聽你的感受。傾聽你最高的思維。傾聽你的經驗。一旦有任何與你的老師們告訴你的，或與你在書裡讀到的話不同時，就忘掉那些話。話語是最不可靠的真理供應商。

我有很多話想跟你說，有很多問題想問。但不知道打哪裡起頭。

舉例來說，你為什麼不顯現你自己？如果真的有這麼一位神，而你就是他，你為什麼不以我們全都能了解的方式來顯現你自己？

我曾一而再、再而三的那樣做。現在我就正在這樣做。

不是。我是指以一種不具爭議性的、無法被否定的顯現方法。

比如說？

比如現在就出現在我眼前。

我現在就在這樣做呀！

在哪兒？

你游目所及的每個地方。

不是這樣的。我指的是以一種不具爭議性的方式。以一種沒人能否認的方式。

那是怎麼樣的方式？你希望我以哪一種形式或形狀出現？

以你實際上有的形式或形狀。

那是不可能的，因為我並沒有你能了解的形式或形狀。我是能採用你能了解的一種形式或形狀，但是，那樣的話，每個人都會假設他們所見到的就是神唯一的形式和形狀，而非神的許多個形式或形狀之一。

人們相信我是他們眼中的我的樣子，而非他們沒見到的樣子。但我即是那「偉大的看不見的東西」（the Great Unseen），而非我在任何特定一刻讓我自己是的樣子。換一種說法就是，我是我不是的東西。我是由我的不是什麼來的，而我永遠會回到它那兒去。

然而，當我以某一種形式──以我認為人們所能了解我的一種形式──顯現時，人們就會永遠認定我是那種形式。

而萬一我又對其他人以他所能了解的任何其他形式出現的話，第一個人就會說我沒有出現，因為我顯現給第二個人的樣子和給第一個人的樣子不同，說的話也不同──所以我要如何是我呢？

所以，你明白了吧，我以何種形式或方式顯現我自己並不重要──不論我選擇用哪種方式或哪種形式；沒有一個會是不具爭議性的。

但如果你做出能證明你真的是誰的某件事，令人完全無可懷疑……

……仍然會有人說，那是魔鬼所為，或只不過是某人的想像，或任何不是我的來源。

如果我以萬能的神，天上和地下的君王形象來顯現我自己，並且移山倒海來證明，就會有人說：「那一定是撒旦。」

這也是應該的。因為神並不對「神我」（Godself）透露出「神我」，或藉由外在的觀察來表白「神我」的身分，而是透過內在的體驗。當內在體驗顯示了「神我」，外在的觀察便不必要了。如果外在的觀察必要時，內在的體驗便不可能了。

那麼如果你要求啟示，就不可能得到。因為「要求」這個行為就是「它不在」的聲明：意思是現在神並沒有顯現出來。這樣的聲明也就產生了這樣的經驗。因為你們對某樣東西的思想是具創造性的，你的話是有生產力的，當你的思維和言語一致時，對你實相的塑造非常有效。所以你會經驗到神現在並沒有顯現，因為如果神已顯現了，你就不會還要求神顯現了。

那是否意謂著我不能要求任何我想要的東西？你是說祈求得到某件東西，事實上就是將它推開嗎？

這是一直以來都被提出的問題——並且每次被提出時也都得到了答覆。然而你並沒有聽到答案，或不願去相信它。

以今日的說法及今日的語言，這問題現在再次的被回答如下：

你不會得到你所求的，你也無法擁有任何你想要（want）的東西。這是因為要求本身就是欠缺的一種聲明，在你說你想要一個東西時，只會在你的現實中形成那個「缺乏」（wanting）的經驗。

因此，正確的祈禱永遠不是懇求的禱告，而是感恩的禱告。

當你為了自己所選擇在你的現實生活裡要去經驗的事而預先感謝神時，實際就等於是承認它事實上就在那兒了。所以，感謝是對神的最強有力的聲明；一個即使在你未要求之前，即確定我已應允了的聲明。

所以，絕不要祈求，要感激。

但如果為了某樣東西事先感謝神，但那東西卻根本沒出現呢？那可會導致幻滅和怨恨哦！

你不能用感謝來做為操縱神的工具；做為愚弄宇宙的設計。你無法對自己說謊。你的心智很清楚自己真正在想什麼。如果你說：「神，因為……我謝謝你。」但同時自己心裡卻非常清楚，在你的現實生活中它絕不可能出現，那你就別期待神會比你更不清楚，而為你造出它來。

神知道你所知的，而你所知的即是那些會出現在你的現實中的東西。

但我又怎麼能為那些我不知道會不會出現的東西感恩呢？

以你的信心。只要你有一粒芥子的信心，你便可移山。你會知道它在那兒，因為我說它在那兒；因為我說過，即使在你還未要求以前，我就已應允了；因為我曾以種種方式，透過每個你能叫出名字的老師對你說過：不論你選擇什麼，以我的名選擇，它就會出現。

然而仍有許多人說他們的祈禱未被應允。

沒有一個祈禱——祈禱只不過是對本來如是的事的一個強烈聲明罷了——未被回應。每個祈禱——你的每個思維、每個聲明、每種感受——都具有創造性。你的每個祈禱都按照它被你認為是真實的程度強弱，具體顯現在你的經驗裡。

當有人說他的祈禱被應允，實際發生的事卻是，他所最強烈抱持的思維、語言或感受發生了作用。然而你必須明白，這就是那秘密——永遠是那思維背後的思維，那可稱之為「發起思維」（Sponsoring Thought）——在控制思維。

所以，如果你以乞求和哀懇的態度祈禱，你將經驗你所選擇了的事物的機會看來就會小得多，因為在每個懇求背後的「發起思維」是：你目前並沒有你所希望有的東西。那個「發起思維」變成了你的現實。

唯一可以勝過這個思維的「發起思維」就是：抱著不論你要求什麼東西，神都必會應允——無一例外——的信心思維。有些人是擁有這種信心，但這樣的人非常少。

當你不再認為神永遠會「答應」任何一個請求，而是直覺的了解到請求本身根本沒有必要時，祈禱的過程就變得容易得多了。然後祈禱便成了感恩的祈禱。它一點也不是請求，而是對本來如是的現實的一個感恩聲明。

你說祈禱就是對本來如是的一個聲明，你的意思是說神一無所為嗎？祈禱之後所發生的每件事都是那祈禱者的作用嗎？

如果你認為神是某個萬能的存在體，在聽了所有的禱告後，對某些說「好的」，對另一些說「不行」，對其餘的人則說「也許可以，但非現在」的話，你就錯了。大體上，神是憑什麼來決定呢？

如果你認為神是你生命裡所有事情的創造者和決定者，你就錯了。

神是觀察者，不是創造者。神隨時都準備幫助你們過你們的人生，但卻不是以你可能期待的方式。

創造或不創造你人生的情況或環境並非神的功能。神以神的肖像創造了你們。透過神給你們的力量，你們又創造了其餘的。神創造了如你們所知的生命過程和生命本身。但是神也給了你們自由選擇權，你們可以隨心所欲的去過生活。

以這種說法來看，你對自己的意願也即是神對你的意願。

你就以你自己的方式過你的人生，我在這件事上並沒有什麼偏好。

你們一直總有一個大幻象，就是：神在意你們做什麼。

我真的不在意你們做什麼，這你們聽了也許會很受不了。然而，當你能讓你的孩子們出去玩耍時，你會在意他們玩什麼嗎？他們是玩捉迷藏或玩模仿的遊戲有什麼關係嗎？不，沒有關係，因為你知道他們是絕對安全的。你已將他們放在一個你認為很友善且毫無問題的環境裡了。

當然，你總還是希望他們不會傷到自己。如果他們傷了自己，你就會馬上在那兒幫助他們，治療他們，讓他們再次的感覺安全，再次的快樂起來，改天再出去玩。但下一次他們是選擇要玩捉迷藏，或是玩模仿的遊戲，你仍不會在意。

當然，你會告訴他們，哪些遊戲是危險的。但你無法阻止孩子們去做危險的事。沒法子永遠看著他們，管著他們。無法從現在到死都時時刻刻的注意著。聰明的父母能明白這一點。然而父母對結果如何卻是從不會停止關心的。就是這個二分法——非常的不在意其過程，卻非常的在意其結果——幾近於描寫了神的二分法。

可是，在某種意義上來說，神甚至根本也不在意結果。不在意終極的結果，因為終極的結果已得到了保證。

而這就是人類的第二個大幻象：生命的結果是不確定的。就是這個對終極結果的懷疑，創造了你們最大的敵人——恐懼。因為如果你對結果存疑，那麼你必然會懷疑「創造者」——你必然會懷疑神。而如果你懷疑神，那你必然一生都活在恐懼和罪惡感裡。

如果你懷疑神的意圖——以及神產生出這終極結果的能力——你又如何能放輕鬆呢？你又怎麼可能真的找到平靜呢？

然而神是有充分的力量可使意圖和結果相配的。但你們無法且不願相信這一點（縱使你們一直宣稱神是萬能的），所以你們必須在自己的想像裡創造出一個相等於神的力量，以便找到一個讓神的意旨受挫的方法。因此你們就在你們的神話裡創造出一個你們稱之為「魔鬼」的存在體。你們甚至想像有一個神在與此存在體交戰（認為神也是以你們的方式來解決問題）。最後，你們竟真的想像神可能戰敗！

所有這些全都違反了你們聲稱自己對神所知的一切，但這沒有關係。你們是活在你們的幻象中，因而感受到了你們的恐懼，這都是由於你們懷疑神所致。

但如果你們不再懷疑了呢？那時又會有什麼樣的結果？

我來告訴你：你們將會如佛陀一樣的生活。如耶穌一樣的生活。如每個你們所崇拜的聖人一樣的生活。

然而，就如同大多數聖人的遭遇一樣，人們不會了解你。當你試著解釋你的平靜感，你在人生中的喜悅，你內心的狂喜時，他們會聆聽你的話語，卻沒有聽進去。他們會試圖重複你的話，卻是經過增潤的。

他們會奇怪你怎能擁有他們所找不到的東西。他們會產生嫉妒。不久嫉妒又會變成憤怒，然後他們會試圖說服你，說其實不了解神的人是你。

如果他們仍然無法將你拉離開你的喜悅，他們就會想辦法傷害你，他們的憤怒是如此的巨大！而當你告訴他們沒有關係，縱使死亡也不能打斷你的喜悅，或改變你的真理時，他們一定會殺死你。然而，當他們看到你接納死亡的平靜態度，他們會改稱你為聖人，而再度愛你。

因為人類的天性就是去愛，然後毀滅，然後再去愛他們最珍視的東西。

但為什麼？我們為什麼那樣做呢？

所有人類的行為在其最深的層面都是由兩種情緒——恐懼或愛——之一所推動的。實際上也只有這兩種情緒——在靈魂的語言中只有這兩種字眼。這是當我進出了你們如今所知的宇宙和世界時，我所創造的了不起的兩極的兩個相反端點。

這是容許你們所說的「相對性」系統存在的首尾兩點。沒有這兩點，沒有對於事情的這兩個概念，則別的概念也無法存在。

人類的每個念頭及人類的每個行為，都是建立在愛或恐懼上的。並沒有其他的人類動機，而所有其他的概念都只不過是這兩樣的衍生物。它們只不過是不同的版本——同樣主題的不同變形。

對此仔細思考，你便可了解這是真的，這就是我所謂的「發起思維」。它不是一個愛的思維就是個恐懼的思維。這是思維背後的根本思維。它是第一個思維，它是原始的力量，是推動人類經驗之引擎的天然力量。

這正是人類行為如何產生反覆的經驗的原因；這是人類為何愛，然後毀滅，然後再愛的理由：情緒永遠由一端擺盪到另一端。愛發起了恐懼，恐懼發起了愛，愛又發起了恐懼……

……理由就在第一個謊言裡——你視為是神的真相的第一個錯覺，你認為不能信任神；不能依賴神的愛；神對你的接受是有條件的；所以終極的結果很可疑。因為，如果你無法信靠神的愛永遠會在那兒，你又能信靠誰的愛呢？如果當你表現得不適當時，神就退隱撤離，平凡的人類不也會如此嗎？

……因此，在你發出你最高的愛的誓言時，你便面對了你最大的恐懼。

因為在說出「我愛你」之後，你擔心的第一件事就是你是否能聽到回覆。如果你聽到了，你又會立刻開始憂慮會失去你才找到的愛。因此，所有的作用變成了反作用——防備失去——就像你想防備自己失去神一樣。

然後，如果你知道你是誰（Who You Are）——你是神所曾創造過的最莊嚴、最偉大、最光輝的存在體——你就永遠不會恐懼。因為誰能拒絕如此神奇的華美？縱使是神，也無從挑剔這樣的一種存在體。

但你並不知道你是誰，你把自己想得很低劣。但你又是從哪兒得到你比莊嚴華美要差得遠的這個想法？從你唯一會聽信他們對每件事的說法的人。從你的母親和父親。

他們是最愛你的人。但他們為什麼要對你說謊呢？他們難道沒告訴你說，你這點太過分，那點又不及？難道他們沒提醒你，你只要在場而不要出聲？難道他們沒在你最活力洋溢的時候責罵你？難道他們沒有叮嚀你，將你的某些最狂妄的想像擱置一邊嗎？

這些就是你接收到的訊息，雖然它們沒有達到標準，因而不是來自神的訊息，然而它們也和神的訊息所差無幾，因為它們無疑的是來自你的宇宙的神祇。

是你的父母教給你愛是有條件的——你曾多次感受到他們的條件——而那就是你帶到你自己愛的關係裡的經驗。

那也是你帶給我的經驗。

你由這經驗中獲得了你對我的結論。在這架構內你說出你的真話。你說：「神是個有愛心的神，但如果你違反了他的戒命，他將以永遠的放逐和無盡的詛咒來責罰你。」

因為，你怎會沒經驗過你自己父母對你的放逐？你豈會不知道受他們譴責的痛苦？因此，你怎可能想像到我會有什麼不同之處？

你已忘記被無條件的疼愛是什麼感覺。你已不記得神的愛，因此你以自己看見的世界裡愛的樣子為基礎，試圖想像神的愛必然的樣子。

你將「父母」的角色投射到神身上，因此想像出一位神，他會以你在搞些什麼做基礎，而審判、讚賞或懲罰。但這是一個對神的簡化觀點，建基於你們的神話上，這與我是什麼毫不相干！

就這樣，你們以人類經驗，而非靈性真理為基礎，創造了一整個關於神的思想體系之後，隨之你們又創造了圍繞著愛的一整個現實世界。那是個以恐懼為基礎的現實世界，扎根於一個恐怖的、報復心強的神的概念上。這發起思維是錯的，但否定這個思維就會擾亂你們整個的神學。雖然取代它的新神學真的會是你們的救贖，你們卻無法接受。因為一個不該被害怕、不會審判人的、不會因為任何理由而責罰你們的神，這個想法完全超出你們對「神是誰和是什麼」的最偉大的想像，它太壯美而難以令人接受。

這個以恐懼為基礎的愛，左右了你們對愛的經驗；事實上，你還真的創造了這樣的實相！因為，你不只看到自己接受了有條件的愛，你也看著自己以同樣的方式付出愛。縱使當你保留、撤退，並設下你的條件時，部分的你其實認為愛不應該是這樣的。可是你仍然覺得無力改變你分送愛的方式，你告訴自己，你很辛苦才學到教訓，如果你讓自己再度脆弱就慘了。然而事實是，如果你不再度變得脆弱，你才慘了。

（藉由你自己對愛的〔錯誤〕想法，你詛咒自己永遠不再經驗純粹的愛。所以，你也詛咒了自己無法認識真實的我，然而你總會有認識我的那一天。因為你沒辦法永遠否認我，而我們和解的那一刻終會到來。）

人類採取的每個行動都是建立在愛或恐懼上，而非只是那些與人際關係有關的行動。每個影響到商業、工業、政策、宗教、你們的幼兒教育、你們國家的社會議程的決定；每個涉及戰爭、和平、攻擊、防禦、侵略、認輸的抉擇；要染指或讓出、儲蓄或分享、聯合或分裂的決心——你所做的每一個自由抉擇，都出自僅有的這兩個可能思維之一：一個愛的思維或一個恐懼的思維。

恐懼是退縮、關閉、抽回、逃跑、躲藏、掠奪、傷害的能量。

愛是伸展、開放、送出、留駐、顯露、分享、療癒的能量。

恐懼以衣裳包裹著我們的身體，愛則容許我們赤裸的站出來。恐懼依戀並且抓緊我們所有的一切，愛則送出我們所有的一切。恐懼緊緊的抓住，愛則溫柔的擁抱。恐懼是占有，愛是放手。恐懼使人心痛，愛則撫慰人。恐懼攻擊人，愛則改善關係。

人類的每個思維、言語或行為都是建立在愛的情緒或恐懼的情緒上。你對此別無選擇，因為沒有其他可供選擇的東西。但在這兩者之間，你有自由可選擇其一。

你說起來這麼容易，然而在抉擇的片刻，恐懼卻往往獲勝。這又是什麼緣故呢？

你曾被教育成活在恐懼中。你曾被告知：適者生存，優勝劣敗，以及最聰明伶俐的人會成功。但關於最有愛心的人的榮耀卻說得少得可憐。因此，你努力去做最勝任、最強健、最聰明的人。如果在某種情況下，你覺得自己是略差一些的話，你就怕會輸，因為你曾被告知，較差的就會輸。

因此你當然會選擇恐懼所發起的行為，因為那就是你曾被教的東西。然而，我卻要教你：當你選擇了愛所發起的行動，那你將不只是存活著而已，不只是贏而已，不只是成功而已。那時你還會體驗到你真正是誰，及你是誰的全部榮耀。

要做到這一點，你必須先將以那善意卻誤導了你的世俗老師的教導擱在一邊，而聽聽那些他們的智慧是來自另一個來源的人的智慧教誨。

在你們中間就有許多這種老師，而且一向如此，因為我不會扔下你們不管，必須要有人可以讓你們看到、教你們、指導你們，並提醒你們這些真理。然而最了不起的提醒者，並不是外在的任何人，而是你自己內在的聲音，這是我用的第一種工具，因為是最容易通達的。

由於內在的聲音距你最近，所以它是我說出的最響亮的聲音。它是告訴你每樣事是真或假、對或錯、好或壞的聲音。只要你聽隨它，它就是你設定方向、駕駛船舟和導引航路的雷達。

內在的聲音會馬上告訴你，你所讀的那些文字是愛的文字或恐懼的文字。然後由這尺度，你便能決定那是你該聽從的或忽略的文字。

你說當我永遠選擇愛所發起的行動時，我便能體驗到我是誰，以及我能成為誰的全部榮耀？請你再說詳盡些好嗎？

所有的生命只有一個目的，那就是讓你和所有活著的東西體驗最完滿的榮耀。任何其他你所說、想或做的事，都是附帶在這個功能中。你的靈魂再也沒有別的事要做，你的靈魂也不想要做任何別的事。

這個目的的神奇在於它永無結束。一個結束是一個局限，而神的目的沒有這樣的界限。萬一有那麼一刻，你體驗到自己是在最完滿的榮耀裡，你也會在那一剎那又想像出一個更大的榮耀要去完成。你越是什麼，你就越能變成什麼；而你越能變成什麼，你就越成為更多。

最深沉的秘密就是：生命並非一個發現的過程，而是一個創造的過程。

你並不是在發現你自己，而是在重新創造你自己。所以，別汲汲於發現你是誰，而該汲汲於決定你想做誰。

有人說人生就是一所學校，我們來到這裡是為了要學習特定的課程，而一旦我們一畢了業」，我們便能繼續更大的追求，不再被肉體所桎梏。這是否正確？

那是建立在人類經驗上的你們的另一部分神話。

人生不是一所學校嗎？

不是。

我們在這兒也不是為了學習功課？

不是。

那麼，我們為什麼會在這兒？

為的是憶起，並且重新創造你是誰。

我已一而再、再而三的告訴過你們。你們不相信我。然而那也是理應如此，沒有關係。因為說真的，如果你不創造你自己如「你本是的樣子」，你便無法存在。

好吧，你把我都搞迷糊了。讓我們先回到這個學校的說法上。我聽過一位又一位的老師告訴我們：人生就是一所學校。所以聽到你否認這一點，老實說，的確令我大吃一驚。

如果你有什麼不知道而想知道的事，你就去學校。但是如果你已知一件事，而只不過想要去體驗你所知，你就不會去學校。

人生（如你所稱的）是個機會，可讓你在經驗上得知你在觀念上已知的東西。然而要做到這一點，你並不需要學任何事。你只需要憶起你已知的事，然後付諸行動。

我想我還是不太了解。

好吧，讓我們從這兒開始談。靈魂——你的靈魂——一向知道它所有該知道的事。對靈魂而言，沒什麼是隱蔽的東西，沒有靈魂未知的東西。然而，只是知道了還不夠，靈魂還要尋求經驗。

你可能知道自己是慷慨的，但除非你做了一些表現了慷慨的事，否則你仍然什麼都不是，只是一個觀念。你可能知道自己是仁慈的，但除非你曾對某個人做了一件善事，否則你也一樣什麼都不是，只有關於你自己的一個想法。

你的靈魂唯一的願望就是，將最崇高的觀念變成最偉大的經驗。在你所有的觀念變成經驗之前，都只是臆測。我對自己已臆測了很久。比你們和我加起來能記得的還要久。比這宇宙的年紀乘方還要久。那麼，你明白了嗎，我對我自己的經驗是多麼年輕，又多麼新啊！

我又搞不懂了。什麼你對你自己的經驗？

讓我換個方式解釋給你聽：

在一開始，只有「本是」（Is）存在，沒有任何其他的東西。然而，一切萬有（All That Is）無法認識他自己——因為一切萬有是所有的一切，而沒有任何其他的東西。因此，一切萬有……是不在的。因為在沒有其他東西的時候，一切萬有也就不在。

這就是自古以來，神秘主義者一直提到的了不起的「在」或「不在」（Is／Not Is）。

且說，一切萬有知道他是那時所有的一切——但這並不夠，因為他只能在觀念上明白其絕對的莊嚴華麗，而非在經驗上。然而他渴望的是經驗他自己，因為他想明白，做為這樣莊嚴華麗的存在是什麼樣的感受。但是，這是不可能的，因為「莊嚴華麗」這字眼本身是個相對的說法。唯有他不是的什麼東西顯現出來，一切萬有才可能明白做為「莊嚴華麗」的存在到底是怎樣的感覺。當他不是的什麼缺席時，他是的什麼是不在的。

你了解這點了嗎？

我想是吧！請繼續講。

好的。

「一切萬有」唯一明白的是，那兒並沒有別的東西。因為他永遠無法、永遠不會由外在，以他自己的一個參考點去認識他自己。因為這樣的一個點並不存在。存在的唯一一個參考點就是內在的唯一一點——那「在——不在」（Is／Not Is），是——不是（Am／Not Am）。

但是「一切萬有」仍選擇要從經驗上認識他自己。這個能量——這個純粹、不可見、不可聞、不可觀察，因而不為任何別人所知的能量——想要去體驗他自己本是的絕對莊嚴華麗。為了要這樣做，他了悟自己必須用一個在內的參考點。

他十分正確的推理，他的任何部分都必得比全體要少。只要簡單的將他自己分割成許多部分，每個部分都比全體要少，就可以往回看他自己的其餘部分，也就看到了莊嚴華麗。

因此，「一切萬有」分割他自己——在一個光榮的瞬間，他變成了這個及那個。這個和那個頭一回彼此分開的存在。但兩者仍然是同時存在，兩者皆非的所有其他一切也一樣同時存在。

因此，有三個成分突然存在了：在這兒的東西。在那兒的東西。以及既不在這兒也不在那兒的東西——為了要這兒和那兒存在而必須存在的東西。

是「無」（the nothing）支持著「有」（everything）。是「非空間」支持著「空間」。是「全體」支持著「部分」。

你能了解這點嗎？

你懂嗎？

事實上，我想我懂。信不信由你，就是由於你用了這樣一個清晰的例子，以致我真的了解了。

我還要進一步講解。有些人稱那個支持著每件東西的「無」為「神」，這是不正確的。因為這麼說就暗示了有些不是「神」的東西——也就是說一切非「無」的東西。但我是一切東西（All Things）——可見與不可見的——所以描寫我為偉大的不可見——「無」（No-Thing）或「空」（the Space Between），在本質上就是東方神秘主義對「神」的一個定義，並不比西方對「神」的實際定義為「所有可見的」更為正確。那些相信「神是一切有及一切無」的人，才是有正確了解的人。

在創造「這兒」及「那兒」的東西時，可能使得神認識了自己。而在這由內而外的偉大的爆炸性瞬間，神創造了相對性（relativity）——是神給自己的最大禮物。因此，關係（relationship）就是神給你們的最大禮物，這主題後面會再詳加討論。

就這樣，從「無物」中躍出了「每件東西」——是一個和你們的科學家所謂的大爆炸理論全然符合的靈性事件。

當所有東西的成分向前飛奔時，時間被創造出來了，因為一樣東西先是這兒，然後又在那兒——而從這兒到那兒所需的時間，是可以測量的。

正如神自己可見的各部分開始界定他們自己，彼此「相對」，因此，那些不可見的各部分也一樣。

神要知道愛存在——並認識自己為純粹的愛，那麼相反的東西也必須存在。所以神自願的創造了那偉大的對立——愛的絕對反面——每樣不是愛的東西，現在被稱為恐懼的東西。當恐懼存在的時候，愛才會存在為可能被經驗的東西。

人類在形形色色的神話裡提到的惡之誕生、亞當的墮落、撒旦的反叛等等，就是這個在愛及其反面之間所創造出的二元對立。

你們將純粹的愛擬人化為你們稱之為神的那個角色，你們也擬人化卑鄙的恐懼為你們所謂的撒旦。

有些活在地球上的人依著這個事件，建立起相當複雜的神話，衍生出有戰役和大戰、天使神兵和魔鬼戰士、善與惡、光明與黑暗力量的劇情腳本。

人類對這靈魂深深覺察而心智卻只能略略理解的宇宙性事件，以自己的理解嘗試用神話形式來讓他人了解。

神在將宇宙演變成他自己的一個分身時，從純粹能量製造出所有現在存在的一切——可見與不可見，兩者皆有。

換言之，不只是物質宇宙被如此創造出來，形而上的宇宙也是一樣。形成「在或不在」等式之不在的那部分神，也爆炸成無盡數量比整體小的單位。這些能量單位你們稱為「靈魂」（spirit）。

你們的一些宗教神話裡說：「天父」（God the Father）有許多心靈兒女，這與人類「生命繁衍他自己」的經驗的平行說法，可能是一般大眾實際上能接受在「天國」裡突然存在了無數個靈魂的唯一方法。

在這個例子裡，你們的神秘故事與終極實相還相差不太遠——因為以一種宇宙性的說法而言，組成整體的我的無窮盡靈魂，是我的子女。

我分割我的神聖目的，就是要創造足夠部分的我，讓我能在經驗上認識我自己。為了要讓創造者在經驗上認識他自己是創造者，只有一個方法，就是去創造。因而我給予我的不可計較的每一部分（給我所有的心靈兒女）跟我做為「全體」一樣的創造能力。

當你們的宗教說人是「按照神的肖像」被造出來時，他們就是這個意思。這並不是指——如某些人解釋的——我們的身體看起來肖似（雖然，為了一個特殊目的，神能採取任何他想要的具體樣子），但這的確是指我們的本質和精髓是相同的。我們是由同樣的材質組成的。我們是「同樣的料」！具有所有同樣的特質和能力——包括「無中生有」的創造物質世界的能力。

我創造你們——我的心靈兒女——的目的，是為了要體認我自己是神。除了經由你們，我沒有其他辦法做到這一點。所以可以說（並且也已說過許多次）我要你們做到的是：你們該體認到自己是我。

這看似如此令人驚異的簡單，然而卻變得非常複雜——因為你們只有一個方法得以體認你們自己是我——那就是，首先，你們要先體認自己不是我。

現在試著了解這一點——努力跟進——因為談到這兒已變得非常微妙了。你準備好了嗎？

我想是吧。

很好。請記住，是你要求聽這個解釋的。你等了好些年了呢！你曾要求我以一般世俗人的說法來講，而不要用神學教養或科學理論。

是的——我知道我要求的是什麼。

既然你要求過，你就會得到。

現在，為了保持簡單起見，我將用你們「神的兒女」的神話模式來做為討論的基礎，因為它是你們熟悉的模式——並且在許多方面它還沒偏離太遠。

那麼，就讓我們回到這自知（self-knowing）的過程如何發生作用上。

我有一個辦法可以令我所有的心靈兒女知道他們自己是我的一部分——那就是乾脆的告訴他們。而這我做了。但你明白嗎，單單讓靈魂（spirit）知道他自己是神或神的一部分，或神的兒女，或天國的繼承者（或你想用的不論什麼神話）是不夠的。

如我已經解釋過的，知道一件事與經驗它是兩樣不同的事。靈魂也渴望在經驗上知道他自己（就如我一樣）！對你們而言，觀念上的覺知是不夠的。所以我設計了一個計畫，這是在所有宇宙裡最殊勝的點子——並且是最壯觀的合作。我說合作是因為你們每個人都要和我一起參與其中。

在這計畫裡，你們這些純粹的「靈」，將進入剛被創造的物質宇宙。這是因為物質性是唯一的方法，可令你在經驗上知道你在觀念上體會的東西。事實上，那本來就是我創造物質宇宙——以及宰制它及所有受造物的相對性系統——的理由。

一旦在物質宇宙裡，你們——我的心靈兒女們，就能經驗你們所知的自己。但首先，你們必須先覺悟到其反面。簡單的解釋這點就是，除非等到你覺知到了「矮小」，否則你無法知道自己長得高大；除非你已覺知到瘦，否則你就無法經驗到你自己稱為胖的那部分。

就最終的邏輯而言，就是除非你面對了你不是的東西，否則你無法經驗自己以為你是的東西。這乃是相對論及所有具體生命的目的。你得藉由你不是的東西來界定你自己是什麼。

所以，在這個終極之知的例子裡——知道你自己是創造者的例子裡——除非並且等到你創造了，你才能經驗自己是創造者。而除非你不創造自己，否則你就無法創造自己。換一種說法就是，為了要存在，你首先必須「不在」（not be）。你懂嗎？

我想……

趕快跟上來。

當然，你沒辦法不做你正是的誰，或你本是的什麼——你就是這個（純粹、創造性的靈），一向如此，永遠都是如此。所以，你做了件不是最好但已不錯的事，就是你讓自己忘記你真正是誰。

在進入物質宇宙時，你放棄了對自己的記憶。這讓你可以選擇去做你要做的人，而不是所謂的「就在城堡裡醒過來」。

在選擇做神的一部分——而不是只被告知你就是神的一部分——的這個行動裡，你經驗到自己有完全的選擇，而那就是神的本質。然而，你怎麼能對一個無可選擇的事情有所選擇呢？不論你多努力去嘗試，你都無法不是我的兒女——但你可以忘記。

你是，一向是，也永遠是神聖整體的一部分，是整個整體的一員（member）。那就是為什麼重新加入整體，回到神的這個行為被稱為憶起（remembrance）。你真的是選擇重新憶起

（re-member，譯注：此字拆開則是重組在一起之意，變成了雙關語），憶起你真的是誰，或與你種種不同的部分合起來一同去體驗你的全部——那也就是我的全部。

所以，你在世上的工作並非學習（因為你已然知道），而是重新憶起你是誰。並且重新憶起每個別人是誰。那就是為什麼你工作的一大部分是去提醒（remind）別人（去重新注意〔re-mind〕他們），讓他們也能重新憶起。

所有絕佳的靈性導師所做的只是這個。這是你唯一的目的（sole purpose），也就是你靈魂的目的（soul purpose，譯注：神在玩諧音和雙關語的遊戲）。

我的天，這是那麼簡單——並且那麼……協調（symmetrical）。我是指，全部一致！突然一切都通了！現在，我看到了以前我從未弄得十分清楚的畫面。

很好，很不錯，這就是我們這次對話的目的。你曾向我要答案，而我答應過要給你。你可以將這次的對話寫成一本書，讓許多人也能聽到我的言論。這是你的一部分工作。現在，你對生命還有許多問題，許多質疑，而我們在此已立下了基石，我們已為其他的了解打下了基礎。讓我們去看看其他的問題吧。並且不要擔憂，如果對我們剛講完的東西還有什麼沒有徹底了解的地方，很快你就會完全明白。

我想問的事情很多。我有太多的問題，我想我該由大的、明顯的問題開始。比如，世界為何是現在這個樣子？

在人類問過神的問題裡，這一個是最常被問到的。有史以來人人都在問。從創始到現在，你們都想知道，世界為什麼一定要像現在這個樣子？

而這個問題的典型問法其實應該是：如果神是那麼完美和那麼有愛心，為什麼他還會創造出瘟疫和饑荒、戰爭和疾病、地震、龍捲風和颶風，以及所有各種的自然災害、個人的深深失望及世界性災害呢？

這個問題的答案存在宇宙更深的神秘及生命的最高意義裡。

我並不藉由在你周圍只創造你們所謂的完美來顯示我的善良，也不想藉由不讓你展示你們的愛而來展示我的愛。

我已經解釋過，除非你能展示沒有愛心，否則你無法展示愛心。沒一事的其相反物，那事便無法存在，除非是在絕對的世界裡。然而，絕對的領域對你或我都不夠。我存在永恆裡，而那也是你所來自的地方。

在絕對裡，只有知曉，沒有經驗。知曉是一種神聖境界，然而最大的喜悅是在於存在（being），存在只能在經驗之後達成。進化就是這樣：知曉、經驗，然後存在，這是三位一體（Holy Trinity）——三位一體的神。

天父（God the Father）即知曉——所有了解的父母，所有經驗的給予者，因為你無法經驗你不知道的事。

聖子（God the Son）即經驗——天父對祂自己所知的一切的化身（embodi-ment），具體化的演出，因為你無法做你沒經驗過的東西。

聖靈（God the Holy Spirit）即存在——聖子對他自己的所有經驗之抽象化（disembodiment）；只有透過知曉和經驗的記憶才有可能的簡單、精緻絕美的「在」（is-ness）。

簡單的存在即至福，那是知道並經驗自己之後的神的境界，那是神最初渴望的事。

當然，你早已不須別人向你解釋對神的父子的描述與性別無關。在此，我用的是你們最新的《聖經》；更早的神聖經典則將這比喻為母女關係，兩者都不正確。你們的心智最能理解的關係是雙親與後裔；或肇生者與被生者。

加上三位一體的第三部分產生了這個關係：

肇生者／被生者／存在者。

這個三位一體的實相是神的印記，它是神聖的模式。在崇高的領域裡，到處可見這三合一（three-in-one）。在處理時間和空間、神和意識或任何崇高關係的事情裡，你也逃不出這範圍。換句話說，在人生的任何粗略（gross）關係中，你是找不到三位一體的真理的。

任何處理人生的崇高關係的人，都能認知到三位一體的真理。有些宗教描寫三位一體的真理為父、子和聖靈；有些精神醫師用超意識、意識和潛意識這些名詞；有些唯心論者又說是心、身和靈；有些科學家看見的是能量、物質、以太；有些哲學家則說，對你們而言，直到一件東西在思維、語言和行為上都是真實的，它才是真實的。當討論時間時，你們只談到三種時間：過去、現在、未來。同樣的，在你們的感知裡也只有三個時刻——以前、現在和以後。就空間關係而言，不論宇宙裡的點，或你自己房間裡各種不同的點，你都會認知到這兒、那兒和之間的空間。

然而在粗糙的關係中，你卻沒覺知到「之間」。那是由於粗糙的關係永遠是兩個一組的，但較高領域的關係無一例外，都是三個一組。所以，有左——右，上——下，大——小，快——慢，熱——冷，以及所曾創造出最大的兩個一組的東西：男——女。在這些兩個一組裡，沒有「之間」。一樣東西非此即彼，或是這兩極之中的一極之更大或更小的版本。

在粗糙關係的領域裡，所有被概念化了的東西，必須在它相反的東西也被概念化之後才能存在。你們大半的日常經驗都是建立在這個實相裡。

然而在崇高關係的領域之內，沒有一樣存在的東西具有一個相反物。所有都是一體，而每樣東西由一個進行到另一個，周而復始，往復不已。

時間就是這樣一個崇高領域，在其中，你們所謂的過去、現在和未來，息息相關的存在著。那是說，它們並非相反，而是同一整體的部分；同樣概念的進行；同樣能量的周轉；同樣不變的真理面向。如果你由此下結論說，過去、現在和未來存在於「同時」，你就對了。（然而現在不是討論這點的時候，之後當我們探索時間之整體觀念時，就可以更詳細的討論這點）。

世界會是現在這個樣子，是因為它無法是任何其他的樣子，而仍能活在物質的粗糙領域裡。地震和颶風、洪水和龍捲風，以及其他你們所謂的天災，只不過是地、水、火、風四大由這一極到另一極的移動。整個出生與死亡的循環是這移動的一部分，這些是生命的節奏，而在粗糙世界裡的每樣東西都遵照它，因為生命本身即是一種節奏，是在一切萬有心中的一個波動、一個震動、一個脈動。

疾病和不適是健康和安好的相反，並且是在你們的命令下，在於你們的世界顯化。如果沒在某些層面導致自己生病，你就不可能生病，而只要你決定要安好，你是可以在一瞬間做到的。極度的失望是你選擇的反應，而世界性的災難是全球意識的結果。

而你的問題卻暗示著，是我選擇了這些事件，是我的意志和願望讓這些事發生。但並不是我的意志讓這些事成真，我只是觀察到你們在這麼做，但我並沒做任何動作去阻止，因為那樣做就挫折了你們的意志，那會剝奪你們做神的經驗，那是你們和我一同選擇的經驗。

所以，別譴責世上你們稱為壞的一切事。倒不如問你自己，關於這些你們判斷為壞的到底是什麼，以及你們是否想做任何事去改變？

要往自己內在而不是向外問：「現在面臨這災難時，我希望體驗自己的哪個部分？我選擇呼喚到前面來的是存在的哪一面？」因為每個生命都是你們為自己創造的一個工具，而所有的事件也代表著讓你決定做你是誰的一個機會。

這對每個靈魂而言都是真的。所以，明白嗎？在宇宙裡沒有受害者，只有創造者。所有曾生活在這星球上的大師都明白這點。那就是為什麼不論你叫得出名字的哪一位大師，沒有一個人會認為自己是受害者——雖然許多人真的被釘上了十字架。

每個靈魂都是大師——雖然有一些並不記得他們的來源或他們的天命。然而，每個人都在為他自己最高的目的，以及他自己最快的憶起而創造情況和環境——在每個被稱為現在的時刻。

因此，不要批判別人走的業力之路（karmic path）。別嫉妒成功，也別可憐失敗，因為你不知道在靈魂的判斷裡，誰是成功，誰又是失敗。別隨便定論一件事是災難或歡喜的事件，直到你決定或目擊它是如何被運用的。因為，如果一個死亡救了一千條命，那是災難嗎？如果一個生命只造成悲傷，那個歡喜的事件嗎？就算是對自己也不應下判斷，永遠將你的想法秘藏心中，也容許別人保留他們的想法。

這並不意謂你該忽略別人求援的呼聲，也不是要你忽略自己靈魂想要改變某些環境或狀況的驅策。而是當你做任何事時，都應避免貼標籤和判斷。因為每個狀況都是一個禮物，而在每個經驗裡都隱藏著一個寶藏。

從前有一個靈魂，知道他自己是光。這是個新靈魂，所以急於體驗。「我是光，」他說，「我是光。」然而對於這點，他所有的覺知和敘述都無法取代對這事實的經驗。但在這個靈魂所在的領域裡，除了光，沒有別的。每個靈魂都是崇高的，每個靈魂都是莊嚴華美的，每個靈魂也都散發著令人肅然起敬的燦爛光輝。因而這個小靈魂就像是陽光中的一支蠟燭。在最偉大的光——它是其中的一部分——當中，它無法看見自己，或經驗到自己真正是誰。

且說，這個靈魂變得越來越渴望認識自己。他的渴望如此之大，以致有一天，我說：「小毛頭，你知道必須做什麼來滿足你這渴望嗎？」

「哦，神啊，要做什麼呢？我什麼都肯做！」小靈魂說。

「你必須將自己和我們其他的分開，」我答道，「你必須將黑暗召到你身上。」

「哦，神聖的主，什麼是黑暗？」小靈魂問。

「你所不是的那個。」我答道。小靈魂了解了。

因此，那小靈魂真的將它自己與所有的我們分開，是的，甚至去到另一個領域裡。在那領域，靈魂有力量召喚所有各種的黑暗到他的經驗中。小靈魂這樣做了。

然而處在黑暗當中，他卻哭喊道：「父啊！父啊！您為何捨棄了我？」就像你在你最黑暗的時候一樣。然而我從未捨棄你，反而是永遠站在你身旁，準備提醒你你真正是誰；正準備著，永遠準備著叫你回家。

所以，做照亮黑暗的光吧，不要詛咒黑暗！

在被「非你」包圍的時候，不要忘記你是誰。縱使當你想去改變創造物時，也要讚美它。並且要明白，在你受著最大的試煉時，你所做的，可能是你最大的勝利。因為你創造的經驗乃是你是誰——及你想要是誰——的一個聲明。

我告訴你這個故事——小靈魂與太陽的寓言，是讓你明白世界為何是現在的樣子，以及當每個人都憶起了他們最高實相的神聖真相時，世界如何能在一瞬間改變。

至於有些人說人生是個學校，在人生中你觀察到及經驗到的事，都是為著你的學習。我先前曾論及這點，而我再告訴你一次：

你進入這人生並沒有任何事要學，你需要的只是展示自己已然知道的事。而在展現它時，你透過你的經驗表現它，並且重新創造自己。如此你使得人生合理化，並且賦予了人生的目的，使人生更神聖。

你是說所有發生在我們身上的壞事，都是我們自己選擇的？你的意思是，在某些層面，甚至世界上的災難和不幸，也都是我們自己創造的，因為我們要「經驗我們真正是誰的另一面」？如果事實真是這樣的話，那是否有較不痛苦——對我們自己和其他人較不痛苦——的方式，也一樣可以讓我們創造經驗自己的機會？

你問了好幾個問題，也都是好問題。讓我一一來回答。

不，並非所有發生在你身上你稱為壞的事，都是你自己的選擇。至少並非有意識的——如你所指的。但發生在你身上的事的確全是你自己的創造物。

你們永遠在創造的過程裡，分分秒秒，日日夜夜。你如何創造的，我們待會兒再談。目前，只要相信我的話就好了——你是一個大創造機，你真的如你能想像的那樣很快的造出一個新的具象。

事件、事故、意外、狀況、環境——全是自意識創造出來的。個人的意識就有足夠的力量。當兩個或更多的人以我之名聚在一起時，你可以想像會釋放出什麼創造能量啊！至於群眾意識呢？當然，那是更有威力了，群眾意識能創造出帶給整個世界一個重要後果的事件和環境來。

說是你選擇了這些後果，其實並不正確——並不是由你以為的方式。你跟我一樣，我們沒去選擇事件。而是像我一樣，你也在觀察事件，並且在你與事件的關係中，決定你是誰。

世上並沒有受害者，沒有惡棍。你也並非別人選擇下的受害者。然而，在某個層面上，你們卻全都創造了你們自己討厭的東西——創造了它，而且選擇了它。

這是個進步的思想層面，並且也是所有的大師遲早會到達的層面。因為只有當他們能接受所有事情的責任時，他們才能獲得改變其一部分的力量。

只要你懷著外面有某個東西或某人「對」你做某事的想法，你便剝奪了自己對它做任何事的力量。唯有當你說「是我做了這個」時，你才能找到改變它的力量。

改變自己正在做的，比叫別人改變他們所做的要容易得多。

改變任何事的第一步，是了解並接受它現在的樣子。如果在個人層面上你無法接受這點，那就藉由理解「我們全是一體」去同意它。然後想辦法去造成改變，但並非由於一件事是錯的，卻是因為它不再對你是誰做出一個正確的聲明。

做任何事只有一個理由：就是對宇宙聲明你是誰。

照這個方式去做，人生就變成自我創造（Self creative）。你用生命去創造你以為和你一直想做誰的樣子。所以不去做任何事時也只有一個理由：就是因為它不再是你想要做誰的聲明。它沒反映你，它沒代表（represent）你，也就是說，它沒重現（re-present）你……

如果你希望被正確的重現，就必須努力去改變人生中與你想投射到永恆的你的景象不相符合的任何事。

最廣義的說，所有發生的「壞」事都是你的選擇。但錯不在你選擇它們，而是在你稱它們為「壞」。因為既然是你創造了它們，在稱它們為「壞」時，你也就是稱自己壞。

可是你無法接受這個標籤，所以與其表明是自己壞，倒不如否認自己的創造。然而就是這知性和靈性上的不誠實，使得你必須接受一個現況如此的世界。除非你接受了——或在內心深深的感覺到——個人對世界的責任，世界才會大大的不同。如果每個人都覺得有責任，這顯然會成真。這個道理是如此明顯，但人們卻不明白，以致於我們會如此痛苦，並且如此痛切的嘲諷。

世界上的天災——如龍捲風、颶風、火山、洪水——這類物理性的騷動——並不是你確實創造出來的。你所創造的是這些事件觸及你生命的程度。

再怎麼伸展想像力，你也無法宣稱是你鼓勵或創造了這宇宙裡所有發生的事件。這些事件是由人的共同意識創造出來的。整個世界的共同創造，產生了這些經驗。你們每個人個別做的是，在事件中行動，決定它們是否對你有任何意義，以及在與它們的關係中了悟你是誰及是什麼。

如此，為了靈魂進化的目的，你們集體並個別的創造你們在經驗的人生和時代。

你問，是否有一個比較不痛苦的方式去經歷這過程，答案是有的，然而你的外在經驗完全不會改變。要減輕你與俗世經驗和事件連在一起的痛苦——你的及別人的——是改變你看事情的方式。

你無法改變外在事件（因為那是你們許多人創造的，而你的意識也還沒成長到能個別的改變集體創造出來的東西），所以你必須改變內在的經驗。這是在生活中到達主控權之路。

沒有一件事本身是痛苦的，痛苦是錯誤思想的結果，是思維裡的一個謬誤。

一位大師能令最嚴重的痛苦消失。以這方式，大師也得以治癒。

痛苦來自你對一件事的批判。去掉批判，痛苦便消失了。

批判往往建立在先前的經驗上。你對一個東西的想法，出自一個先前的經驗想法。你先前的想法是更早一個想法的結果——而那想法又來自更早的一個，如此類推，像建材一樣，直到你回溯到我所謂第一個思維的鏡廳。

所有的思維都具創造性，但沒有任何一個思維比原始思維（original thought）更強大有力。那就是為什麼它有時也被稱為原罪（original sin）之故。

原罪就是當你對一件事的第一個錯誤思維出現時。這個錯也將隨著你產生了第二個或第三個思維，而更變本加厲。聖靈的工作就是重新啟發讓你了解，使你能由錯誤中解放出來。

你是說我不該對非洲餓死的小孩、美國的暴力和不公、巴西死了上百人的地震覺得難過嗎？

在神的世界裡，沒有什麼「該」或「不該」。做你想做的事。做能反映、能重現一個更真實的自己的事就是了。所以如果你覺得應該為這世上的事難過，那就難過吧！

但不要去批判，也不要去指責，因為你並不知道事情為何發生，也不知是為了什麼目的。

並且記住這點：你指責的將指責你，你批判的，有一天，你也會變成那樣。

不如想辦法改變那些事，或支持正在改變的那些事——那些不再反映你最高覺知的你是誰的事——的人。甚至更要祝福一切——因為一切都是神透過活生生的生命所創造的，而那就是最高的創造。

我們可不可以停一下，讓我喘一口氣？你剛才是不是說過，在神的世界裡，沒有「該」或「不該」？

沒錯。

那怎麼可能？如果在你的世界裡沒有？它們會在哪？

沒錯——會在哪呢……

我再重複一次問題。如果不在你的世界裡，「該」和「不該」會出現在哪？

在你們的想像裡。

但那些教過我所有有關對與錯、做與不做、該與不該的人，都告訴我這些規定是你——是神——所立下的。

那麼是那些教你的人錯了。我從來沒有立下什麼「對」或「錯」，「做」或「不該做」。這樣只會完全剝奪了你們最大的禮物——依你的高興去做，並且經驗其後果的機會；按照你真的是誰的肖像重新創造你自己的機會；製造一個建立在你能做到、最崇高的理念上的「越來越高超的你的實相」空間。

說某件事——一個思維、一句話、一個行為——是「錯的」，就跟告訴你不要去做一樣。我告訴你不要去做，就是禁止你；禁止你，就是限制你；限制你，也就是否認你真的是誰的實相，並且否定讓你去創造並體驗你真的是誰的機會。

有些人說我給了你們自由意志，然而同樣這批人卻宣稱，如果你們不服我，我會送你們下地獄。這是哪門子的自由意志？這豈不是在嘲笑神嗎？這樣在我們之間又怎麼可能有任何一種真正的關係呢？

現在我們進入了另一個我想討論的領域，就是有關天堂和地獄的事。從我現在的推斷來看，並沒有地獄這回事。

是有地獄，但不是你們認為的樣子，而且你也不會因為你曾被告知的理由去經驗地獄。

那地獄是什麼？

地獄是你的選擇、決定和創造，所可能產生的最糟結果的經驗。地獄是否定我，或否定與我有關連的你之為誰的任一思維的自然後果。

地獄是你因為錯誤的思想而遭受的痛苦。然而，即使「錯誤思想」這個詞也是個誤稱，因為根本沒有錯的事。

地獄是喜悅的反面，是不圓滿。地獄是知道你是誰和是什麼，卻無法去經驗。地獄是遜於你的本質（It is being less），對你的靈魂而言，地獄是不可能有更大的痛苦。

但地獄並不存在於你們所幻想的那種地方，在那兒有什麼永遠的火會焚燒你，或是什麼會永遠折磨人的境地。我要那樣的地獄有何目的呢？

縱使我真的有那種極端不神聖的想法，認為你們不值得上天堂，但對你們的失敗，我又何需尋求某種報復或懲罰呢？我要除去你們不是很簡單嗎？是我的哪個復仇心很重的部分，會要求我，讓你們受到一種言語都不足以形容的、永遠的苦痛？

如果你回答，是為了公正的需要，那麼，只要簡單的不讓你們有與我在天堂裡做心靈溝通的機會不就可以了嗎？非得施以永無休止的痛苦才行嗎？

我告訴你，在死後，根本沒有你們在以恐懼為基礎理論裡所建構的那種經驗。然而，靈魂有一種經驗，會是很不快樂、很不完全、很不完整，而且讓你遠離神的最大喜悅，以致對你的靈魂而言會是地獄一般的。但我告訴你，不是我要送你去那兒，也不是我導致你有這經驗。而是每當你以任何方式，將你自己與對你自己之最高想法分開時；每當你排斥你真的是誰或是什麼時，是你，你自己，創造了這經驗。

然而，這個經驗從不是永恆不變的。它無法是永恆的，因為我並沒有要你們與我永遠永遠分離。真的，這樣的事是不可能的——因為要達成這樣一件事，不但你必須否認你是誰，我也一樣得如此。但我永遠不會那樣做。而只要我們之一保持住關於你的真相，你的真相最後就終究會獲勝。

但如果沒有地獄，那是不是表示我可以為所欲為，做任何事都不必怕報應？

你需要因為害怕，才會去做及去有天生就是對的東西嗎？你必須受脅迫才會「乖乖聽話」嗎？「乖乖聽話」又是什麼意思？誰來做最後的判定？誰來設定指導原則？誰立下規矩？

我告訴你，你們是你們自己的規則判定者，你們自己設定指導原則；並且，也是你們自己決定你們要做得多好。因為是由你們決定自己真的是誰和是什麼——以及你想要做誰。而你是唯一可評估你做得多好的人。

沒有人會審判你，因為神為什麼，又怎麼能審判他自己的創造物，說它是壞的嗎？如果我要你是完美的，並且完美的做每件事，我把你們留在你們來自的完全的完美裡就好了。讓你們來到這裡的整個目的，就是要讓你們發現自己，創造你自己，如你真正是的樣子——並如你真正想成為的樣子。然而，除非你也有做為別的什麼的選擇，否則你是做不到這些的。

所以我是否因此該處罰你，因為你做了我自己放在你面前的一個選擇？如果我不想你做第二個選擇，我為何不就只創造一個選擇就好了呢？

這是在你派給我一個定罪的神的角色之前，你必須問你自己的問題。

所以，對你所問的問題，我的直接回答是：是的，你可以照你希望的去做而不必害怕報應。不過，事先覺知其後果對你卻是有用的。

後果即結果。自然的結果。這些和報應或懲罰完全不同。後果只是後果。它們是因為發生的事而發生的可預期的結果。

所有物質性的生命都按照自然律作用。一旦你記住這些法則，並且應用它們，你便可在物質層面主宰生命。

那些在你看來像是懲罰的事——或你稱之為邪惡或惡運的事——只不過是自然律在維護它自己而已。

那麼，如果我懂得這些法則，並且遵守，我就再也不會有片刻的困難了。你是不是這個意思？

你再也不會在你所謂的「困難」裡經驗你自己，不會將任何一個人生狀況看成是難題，不會再以惶恐面對任何情況。你會終止所有的憂慮、懷疑和恐懼。你會過著如你想像的亞當和夏娃曾過的生活——並不是像沒有形體的精靈在絕對的領域裡，而是像有肉身的精靈在相對的領域裡。你會有你本是的靈魂的所有智慧、了解及力量。你會是個完全實現了的存在體。

這是你靈魂的目標。這是靈魂的目的——當靈魂在身體裡時完全實現自己；變成所有靈魂真正是的事物的具體化。

這是我為你們所做的計畫。這是我的理想：我藉由你而得以實現。如此一來，觀念便轉成了經驗，我便可以藉由經驗而認識我自己。

宇宙法則是我訂下的律法，是完美的律法，創造出物質的完美作用。

你看過比一片雪花更完美的東西嗎？雪花的紛繁、結構、對稱，與自己的一致性，以及與所有其他不同的獨創性——全都是個謎。你對這個令人敬畏的大自然奇蹟展示嘖嘖稱奇。然而，如果我在單單一片雪花上就能這樣做，你想我對宇宙能做的——且已做了的——是什麼呢？

就算你能從最大的天體，到最小的粒子中看出對稱性、設計的完美，你也無從在你的世界裡掌握到所有的真相。縱使到現在，在你略見了數瞥之後，你仍然無法想像或了解其涵意。然而，你可能知道的確是有一些涵意存在——遠比你目前的理解力能接受的更要複雜和殊勝得多。你們的莎士比亞說得好：在天堂和地球上，有比你們的哲學所能夢想得到的更多的東西。

那麼我如何能知道這些律法？我如何能學到這些宇宙法則？

這並不是一個學習的問題，而是憶起的問題。

那我如何才能憶起？

以定靜（still）開始。讓外在的世界安靜下來，內在的世界就可以帶給你視力（sight）。而這種內在的視力——洞見（in-sight）——就是你要尋求的東西。然而當你如此關切你的外在世界時，你是無法擁有洞見的。因此，盡量尋求走入內心吧！而當你沒法進入內心，當你與外在世界打交道時，發自內心吧。請記住這個定理：

如果你不進入內心，你便沒有心。（If you do not go within, you go without.）

請以第一人稱的方式重複唸一次這句話，使之更個人化：

如果我不
進入內心
我
便沒有心

你一輩子都在沒有心的狀態下運作，然而你並不需如此，從不需如此。

沒有什麼是你不能成為的，沒有什麼是你不能做的，沒有什麼是你不能擁有的。

聽起來像是空中閣樓式的允諾。

那你希望神給你哪一種允諾呢？如果我允諾你較差的，你就會相信我嗎？

數千年來，人們為了一個最奇怪的理由不相信神的允諾：那太好了，不可能是真的。所以你們選擇了一個較差的允諾——一個較少的愛。因為神的最高允諾出自最高的愛，由於你無法想像有一個完美的愛，因而一個完美的允諾也是不可想像的。就如你不會相信有一個完美的人一樣，你甚至無法相信你自己。

無法相信這些意謂著無法相信神。因為相信神就是相信神最偉大的禮物——無條件的愛，及神最大的允諾——無限的潛能。

我可以打斷你一下嗎？雖然我很不願意當神滔滔不絕時打斷他……但我以前聽說過這無限潛能的講法，而它並不符合人類經驗，且不論一個正常人所遭遇的困難——那些與生俱有精神上，或肉體上局限的人的挑戰又怎麼說呢？他們的潛能也是無限的嗎？

在你們的《聖經》裡，有很多地方是如此以各種方式記載的。

給我一個例子。

查查看你們在《聖經》〈創世紀〉第十一章第六節裡寫了什麼。

它寫著：上主說：「看，他們都是一個民族，都說一樣的語言。他們如今就開始做這事；以後他們所想做的，就沒有不成功的了。」

就是這個。那麼，你相信這個嗎？

這並沒有回答關於那些受限的人，衰弱的、殘廢的、殘障的人的問題啊！

你認為如你所說的，他們的受限並不是出自他們自己的選擇嗎？你以為一個人類靈魂遭遇到人生挑戰——不論是什麼挑戰——是完全出於意外嗎？這是你以為的嗎？

你是指一個靈魂在事先就選擇了他將經驗哪種生活嗎？

非也，那就失去這些遭遇應有的目的了。這些遭遇的目的，是要創造你的經驗——你再因此而創造你的自己——在當下那榮耀的一刻。所以，你並未事先選擇你將經驗的人生。

不過，你可以選擇那些用來創造你的經驗的人物、地點和事件——條件和情境、挑戰和障礙、機會和選擇。你可以選擇你調色盤上的色彩、你工具箱裡的器具、你店裡的機械。你用這些來創造什麼是你的事，那就是人生的所為何來。

在你所有選擇去做的事裡，你的潛能是無限的，所以不要先認定一個投生在你所謂受限的肉體裡的靈魂無法完全發揮他的潛能。因為你並不知道那個靈魂想做些什麼，你並不了解他的生命議程（agenda），你對他的意圖並不清楚。

因此，祝福並且感謝每個人和每個情況吧！如此，你就是肯定了神的創造之完美——並且表示出你對他的信心。因為在神的世界裡是沒有意外的，沒有一件事是巧合。世界也不會被隨意的選擇，或被你們所謂的命運所擊倒。

如果一片雪花的設計可以如此的完美，你不認為如你們的人生這樣莊嚴偉大的東西，也可以是這樣的嗎？

但是即使是耶穌也在治癒病患。如果每個人的情況都是如此「完美」，耶穌又為何要治癒他們呢？

耶穌並不是因為見到他們的情況「不完美」，才去治癒他們。他治癒那些，因為他明白那些靈魂請求治癒做為他們生命過程的一部分。他看見過程的完美。他認知且了解到靈魂的意圖。如果耶穌真是覺得所有精神或身體上的病代表了不完美，那他不會一次就治癒地球上的每個人嗎？你認為他沒辦法這麼做嗎？

不。我相信他做得到。

好。那麼頭腦心智就想知道：為什麼他沒去做？為什麼基督要選擇讓一些人受苦，而一些人痊癒？並且講到這個，神又為何要容許任何受苦的存在？這問題以前已被問過，而答案仍然相同。在這過程裡有完美——而所有的生活都是出自選擇，去干涉選擇或質疑它都是不適當的，去譴責它更不應該。

那麼什麼才是適當的呢？去觀察，然後盡你所能的去協助那靈魂，尋找並做出一個更高的選擇。所以，留心注意別人的選擇，卻不要去批判。要知道他們的選擇在目前這一刻是完美的——然而要準備好去助他們一臂之力，萬一他們要尋求一個更新的選擇、一個不同的選擇——一個更高的選擇的話。

進入他人的靈魂與之心靈交流，對他們的目的、他們的意圖就會變得清晰。這是耶穌對那些他治癒的人所做的——以及對那些他觸及其生命的人所做的。耶穌治癒所有來到他面前的人，或那些叫別人替他們向耶穌求情的人。他並沒有隨意治癒人。如此做會違反了一條神聖的宇宙法則：

容許每個靈魂走自己的路。

那就是說，我們沒被要求時，就不可以去幫助任何人嗎？顯然不是的，否則我們永遠都不能幫助那些印度的飢童，或非洲受折磨的群眾，或任何地方的窮人或被蹂躪的人了。所有人道的努力都沒有了，所有的慈善事業都被禁止了。我們難道必得等到一個人在絕望中向我們哭訴，或一國的人請求幫助，才被容許去做顯然是對的事嗎？

你瞧，這問題不是已經自己回答了嗎。如果一件事顯然是對的，就去做。但要記得，關於你們所指的「對」跟「錯」，要極為審慎的判斷。

一件事只因為你說它是對或錯而是對或錯，並非本身就一定是對或錯。

是這樣嗎？

「對」或「錯」並非一個天生固有的狀況，它是在個人價值系統裡的一個主觀判斷。藉由你的主觀判斷，你創造自己——藉由你的個人價值，你決定且表現你是誰。

世界以它的現狀存在，讓你能做出這些判斷。如果世界是存在於完美的狀態中，那你自我創造的人生過程將會終止、結束。如果再也沒有訴訟，律師的事業明天就會結束。如果再也沒有疾病，醫師的事業明天就會結束。如果再也沒有問題，哲學家的事業明天就會結束。

而如果再也沒有任何困難，神的事業明天也會結束！

一點沒錯，你的措詞非常完美。如果再沒有更多可創造的，我們所有的人都不會再創造了。我們所有的人對繼續這遊戲都是既得利益者。我們雖然一再說要解決所有的問題，卻不敢解決所有的問題，否則就再也沒有什麼事可讓我們做了。

你們的軍事工業複合體非常了解這點。這也是他們為什麼強力反對企圖在任何地方成立非戰政府的原因。

你們的醫藥機構也了解這點，那就是他們為什麼堅決反對——為了生存他們不得不如此——任何新的神奇藥物或治療法，更不必說奇蹟本身的可能原因。

你們的宗教團體也很明白這點。那就是他們為什麼一致的攻擊對神的任何界定，若是那界定不包含恐懼、審判和報復，以及對自我的任何界定，若是那不包含他們走向神的唯一道路的想法。

如果我對你們說，你們就是神，那將置宗教於何地？如果我跟你們說，你們真的痊癒了，那將置科學和醫學於何地？如果我對你們說，你們將和平的過活，那將置調停者於何地？如果我對你們說，世界已經治理好了，那又將置世界於何地？

那麼，水電工人又怎麼辦呢？

基本上，世界充滿了兩種人：那些給你你想要的東西的人（who give you things you want），及那些修理東西的人（who fix things）。而在某種意義上，那些給你你要的東西的人——屠夫、糕餅師、製蠟燭者——也是修理者。因為有想要一個東西的欲望，往往是對它有了需要。那也就是為什麼我們會說，有毒癮的人需要一針（a fix，譯注：字面意思為修理之意）。所以，要小心，別讓欲望變成了癮。

你是說世界永遠都會有問題？你是說是世界自己要那個樣子的？

我是說，世界以它存在的樣子存在——正如一片雪花以它存在的樣子存在——實在是被設計成那樣的。你們以那種樣子創造它——正如你們創造了你們現在的人生。

我要你們所要的。你們真的想要結束飢餓的那一天，將不再有飢餓。我給了你們去做到那一點的所有資源。你們擁有去做那個選擇的所有工具。你們沒做那個選擇，並不是由於你們不能做那選擇。世界是可以明天便結束飢餓的，只是你們選擇了不做那選擇。

你們宣稱有很好的理由讓每天有四萬人必須死於飢餓，並沒有什麼好理由。然而當你們說你們毫無辦法制止每天四萬個人死於飢餓，同時每天卻將五萬人帶來你們的世界，開始新的生命。而你們稱這為愛，你們稱這為神的計畫，這是個完全欠缺邏輯或理性的計畫，更別說什麼慈悲了！

我以赤裸裸的說法告訴你們，世界以現在的樣子存在，是由於你們自己選擇的。你們有系統的摧毀自己的環境，指著所謂的天災，說是神的殘酷愚弄或大自然的無情方式的證據。你們愚弄了自己，你們的方式才殘酷無情。

再沒有東西比大自然更溫和，也沒有什麼東西對大自然比人來得殘酷。然而你完全置身事外；否認所有的責任。你還說這不是你的錯，不過在這點上，你的確是對了。這不是錯的問題，而是選擇的問題。

你們可以選擇明天便中止對雨林的破壞，你們可以選擇停止耗竭盤旋在你們星球上空的保護層，你們可以選擇中止對地球巧妙的生態系持續的猛襲，你們可以想辦法將雪片重新拼好——或至少制止其無情的溶化，但你們肯這麼做嗎？

明天你們就可以停止所有的戰爭，這既簡單又容易，所需要的——一向只需要的——只是你們全體同意。然而，如果你們在像停止殺害彼此基本上這麼簡單的一件事上，都無法全體同意的話，你們又如何能搖著拳頭，呼喚老天來幫忙整理你們的人生？

你們不為自己做的事，我也不會為你們做。那是律法和預言。

世界會是這樣的現狀，是由於你和你做過——或沒有做——的選擇。（不做決定也是決定。）

地球會是這樣的現狀，是由於你和你做過——或不肯做——的選擇。

你自己的人生是目前的現狀，也是由於你和你做過——或不肯做——的選擇。

但我並沒選擇被那卡車撞到啊！我也沒選擇要被那強盜搶劫，或被那瘋子強姦啊！人們可以這樣說，世上有人可以這樣說。

你們全都是那些狀況的根由，是那些狀況的存在，造成了強盜心中的欲望，或他感到的偷盜需要，是你們創造了使強姦成為可能的意識。當你在自己內心看見了引起罪行的東西時，你才終於開始治癒那罪行自其中躍出的狀況。

餵飽你們的飢民、給你們的窮人尊嚴、給較不幸的人機會，停止那些令群眾縮成一堆、滿懷憤怒、抱著「明天恐怕不會更好」的偏見。收起你們對性能量無聊的禁忌和限制——倒不如，幫助別人真正了解它的神奇，並且適當的疏導。做這些事，你便對永遠結束搶劫和強姦大有貢獻了。

至於所謂的「意外」——卡車拐過街角撞來、磚頭從天而降——學著面對每個這種事件，當作是一個更大拼圖的一小部分吧。你到這兒來，是要為你自己的解脫設計出一個個人的計畫。然而，解脫並不意謂著將自己救離魔鬼的圈套。因為根本就沒有魔鬼，地獄也並不存在。你是在救自己脫離未能自我「實現」的印記。

在這場戰役裡，你不會輸，你不會敗，所以，它根本不是場戰役，只是個過程。然而如果不明白這點，你會視人生為不斷的掙扎。你甚至可能一直相信那是掙扎，久而久之便創造出完整的信仰，這個宗教會教導掙扎就是它全部的要旨。這是個錯誤的教導，過程是在不掙扎中進行的，勝利則是在臣服中贏得的。

意外發生就是發生了。人生過程的某些成分在一個特定時間，會以一種特定方式相聚，產生了特定的結果——你選擇稱為不幸的結果，也是為了你自己某個特定的理由。然而照你靈魂的議程來說，也許它們根本並非不幸的。

我要告訴你的是：沒有巧合，也沒有什麼事是「因意外」而發生的。每件事和每個冒險，都是你的靈魂召來自己身邊的，以使你能創造並經驗你真的是誰。所有真正的大師都了解這點。這也是為什麼在面對人生最糟的經驗（就如你所界定的）時，神秘的大師仍能保持面不改色。

你們基督教的偉大老師們了解這點，他們知道耶穌並未因被釘上十字架而慌亂，反而預期它。他可以逃開，但他沒有。他也可以在任何時刻中止那過程，他有那種力量，然而他沒有那樣做。他容許自己被釘上十字架，為的是他可以做為人之永恆救贖。他說，看看我能做些什麼，看看什麼是真的。你們要知道，你們也能做這些事，甚至更多的事。我不是說過你們是神嗎？然而你們不相信。那麼，如果你們不相信自己，相信我吧！

耶穌是如此的悲憫，以致他用這種方法來給世界一個大大的衝擊，使得所有的人能上天堂（自我實現）——而如果沒別的辦法，那麼就透過他，所以他戰勝了悲慘和死亡，而你們也是可以的。

基督最偉大的教誨，不是在你們將享有永恆的生命——而是你們本就有；不是你們將有在神內的兄弟情誼，而是你們本就有；也不是你們將擁有你們要求的任何東西，而是你們本就有。

一定要明白這點，因為你們是自己實相的創造者，而生命必會對你展現你認為它會是的樣子。

你想它就生出，這是創造的第一步。天父就是思維，你們的思維是孕生所有東西的雙親。

這是我們該記得的律法之一。

沒錯。

你還可以告訴我其他的嗎？

我告訴過你了，自開天闢地以來，我告訴過你所有的。我一而再，再而三的告訴過你們。我派給你們一位又一位的老師，只是你們不聽他們，你們殺害他們。

但為什麼呢？我們為什麼要殺害我們中最神聖的人？我們殺死他們或侮辱他們，都是一樣的。為什麼？

因為他們與你們每個否定我的思想抗衡。而你若要否定你自己，你就必須否認我。

我為什麼會想否定你或自己？

因為你害怕，而且我的承諾太好了，以致你覺得不可能是真的；因為你無法接受那最偉大的真理，因而你們將自己陷入一種叫人恐懼、依賴、不包容的靈性教誨裡，而非愛、力量和接受的靈性教誨裡。

你們充滿了恐懼——而你們最大的恐懼是，我最大的允諾可能是人生最大的謊言。因而你們創造自己所能造的最大的幻想以自保：你們宣稱，任何給予你們神的力量，並且向你們保證了神的愛的允諾，必然是魔鬼的假承諾。你告訴自己，神絕不會做這樣的承諾，只有魔鬼會——以誘惑你去否定神的真實身分，但是你們卻以為神的真實身分，其實就是那可怕的、好判斷的、善妒的、愛報復的，以及會懲罰的存有中之存有。

縱使這個形容更適合一個魔鬼（如果有魔鬼的話），你們卻將魔鬼的特徵派給了神，為的是說服自己別去接受你是創造者的似神承諾，或接受自己的似神特質。

恐懼的力量是很大的！

我正試圖放下我的恐懼。你可以再告訴我更多的律法嗎？

第一條律法：你可以是、可以做，而且可以擁有任何你能想像的東西。第二條律法：你會吸引你所害怕的東西。

為什麼呢？

情緒是吸引的力量。你非常害怕的東西，你就偏會經驗到。一隻動物——你認為是較低等的生命形態（縱使動物比人類以更大的正直及更大的一致性行動）——能立刻知道你是否怕它。植物——你們認為甚至更低等的生命——對愛它們的人，遠比對毫不在乎它們的人反應要好得多。

這些全非巧合。在宇宙裡沒有巧合——只有偉大的設計；一片不可思議的「雪花」。情緒是動的能量。當你挑動能量，你便創造出效應。如果你移動了足夠的能量，你便創造出物質。物質是能量聚結在一起而成的，它們四處移動，擠在一起。如果你以某種方式操縱能量夠長的時間，你便得到物質，每位大師都了解這條律法。它是宇宙的鍊金術，是所有生命的秘密。

思維是純能量。你所有、曾有、會有的每個思維，都是有創造力的。你思維的能量永遠不會死，永遠。思維離開你後，會朝宇宙前進，永遠延伸。思維是永恆的。

所有的思維會凝聚在一起；所有的思維都會遇見其他的思維，在能量不可思議的迷宮裡穿梭，形成一個難以形容的美麗，以及不可置信的、複雜的、流變不居的花樣。

相似的能量會吸引相似的能量——「形成」類似的能量「團」。當這些類似的「團」彼此穿梭——碰觸——慢慢的能量團彼此就「黏在一起」，於是難以想像的大量相似能量「黏在一起」就形成了物質。但物質是由純能量形成的，事實上，那也是物質能形成的唯一方式。所以，一旦能量變成了物質，就會有很長的時間都維持是物質——除非它的構造被一個相反的，或不同的能量形式擾亂。這不同的能量就會使物質產生作用，實際上也就是拆散了物質，釋放出組成它的原能量（rawenergy）。

基本來說，這就是你們的原子彈背後的理論。愛因斯坦是比任何其他人——以前或以後——更接近於發現和解釋宇宙的創造秘密，並加以運用的人。

你現在該更了解臭味相投的人如何能一起努力來創造一個他們偏愛的世界了吧。「不論何處，兩個或更多的人因我之名聚在一起」（譯注：《聖經》名言，「若你們中二人，在地上同心合意，無論為什麼事祈禱，我在天之父，必要給他們成就。」），這句話就變得有意義得多了。

所以想當然爾，當整個社會以某種方式去思維，往往會發生非常令人驚愕的事——並非全都必然是人們想要的。舉例來說，一個活在恐懼中的社會，往往——事實上不可避免的——反而製造出人們最怕的具體東西。

同樣的，一個大的社區或宗教集會，也就很可能在共同的思想（或一些人稱為的共同祈禱）裡，找到製造奇蹟的力量。

所以你們可以很清楚，即使是個人——如果他的思想（祈禱、希望、願望、夢想、恐懼）是驚人且強而有力的話——也能自己製造出這種結果來的。耶穌就經常這樣做，他了解如何操縱能量和物質，如何重新安排它，如何重新分配它，如何完全的控制它。許多大師都知道這種事，許多人現在也知道了。你也可以知道，就是現在。

這就是亞當和夏娃了解的關於善與惡的知識，除非你們也了解，否則不可能有他們所知的人生。亞當和夏娃——你們用以代表第一個男人和第一個女人的神話性命名——是人類經驗的鼻祖。

被你們形容為亞當的墮落的事——人類歷史上最偉大的一件事——實際上是他的提升。因為沒有發生的話，相對性的世界不會存在。亞當和夏娃的作為並非原罪，事實上，卻是第一個祝福。你們該打心底裡感激他們——因為在亞當和夏娃成為第一個做出「錯誤」選擇的人這件事上，實際上他們是製造出了能做選擇的可能性。

在你們的神話裡，你們讓夏娃成了「壞」人，那偷吃了禁果——善與惡的知識——的誘惑者，還嬌羞的邀亞當加入她。而由於這個神話式的背景設計，使得你們自此以後令女人成為男人的「沉淪」之因，結果造成了各種各類的扭曲世界——更不用說扭曲的性觀點和迷惑了。（你怎麼能對一件如此壞的事覺得如此棒？）

你最害怕的東西就是最會禍害你的東西。恐懼會像個磁鐵似的將恐懼吸向你。所有你們神聖的經典——你們創造出的每種宗教信仰和傳統——都有一個很清楚的訓誡：勿懼。你想這是偶然嗎？

所以，這些律法非常簡單，就是：

1思維是有創造力的。

2恐懼吸引相似的能量。

3愛是所有的一切。

老天，這第三項可把我弄糊塗了！如果恐懼會吸引相似的能量，愛又怎麼可能是所有的一切呢？

愛是終極的真實（reality）。它是唯一的、所有的真實。愛的感受是你對神的體驗。以最高的真理而言，愛是所有的一切，所曾有的和將有的一切。當你進入了絕對裡，你就進入了愛裡。

相對領域是創造來使我能體驗我自己的。我曾向你解釋過這點，但這並沒使相對領域因而變為真實。相對領域是你們和我設計出來，且繼續設計、創造出的真實——為的是讓我們可以在經驗上認識自己。

然而創造物可以看來非常的真，目的也就是要看來很真，這樣我們才會接受它是真實的存在。神曾設法以同樣的方式，創造出不是神的「某樣別的東西」。（雖然以最嚴格的說法，這是不可能的，既然神是——我是——一切萬有。）

在創造「某樣別的東西」——也就是相對的領域時，我製造了這樣一個環境：在其中你可以選擇做神，而非只被告知你是神；在其中你可以經驗神格（Godhead）為一個創造行為，而非一個觀念而已；在其中，在陽光下的小蠟燭——最小的靈魂——能認識自己是光。

恐懼是愛的另一端。這是原始的兩極化。在創造相對領域時，我首先創造了我自己的反面。所以，在你們居住的物質層面的領域裡，只有兩個地方可待：恐懼和愛。在物質的層面，根植於恐懼裡的思維會創造一種顯化，根植於愛裡的思維會創造另一種。

曾活在地球上的大師們，發現了相對世界的秘密，因為拒絕承認其真實性。簡言之，大師們是那些只選擇愛的人。在每一瞬，每個片刻，每個環境，縱使當他們被人殺害時，他們也愛他們的謀害者。縱使當他們被迫害時，他們仍愛他們的壓迫者。

你們很難了解這點，更不必說要接受了。不管怎麼說，那卻是每位大師都做到的。不論是哪種哲學，不論是哪種傳說，不論是哪種宗教——那是每位大師都做到的。

這個榜樣和教訓，曾如此清楚的呈現在你面前，一而再的讓你看到。在每個地方和每個年代；經過你的生生世世，而且在每個片刻；宇宙曾用每一個設計來將這真理放在你的面前，在歌和故事裡、在詩與舞蹈裡、在語言及動作裡——在你們稱為電影的動作畫面裡，在你們稱為書的文字的聚集裡。

從最高的山上，這真理曾被大聲喊出；在最低的地方，也曾聽到耳語；在人類經驗的長廊，這個真理回響不停：答案是愛。然而你們沒在聽。

而現在，你到這本書裡來，再問神一次神已經以無數方式告訴過你無數次的東西，然而我也將再告訴你一次——在此——在這本書的本文裡。你現在肯聽了嗎？你真的會聽嗎？

你認為是什麼將你帶到這資料裡來的？你怎麼會將這本書拿在手上？你認為我不知道我在做什麼嗎？

在宇宙裡沒有巧合。

我聽到了你心的哭喊，我看到了你靈魂的追求，我明白你對真理的渴望有多深，你在痛苦中，也在喜悅中召喚它。你不停不休的懇求我顯示我自己，解釋我自己，透露我自己。

我現在就在這樣做，以如此淺白的文字，使你不會誤解。以如此簡單的語言，讓你不會搞混。以如此平凡的語彙，讓你不致迷失在冗詞中。

所以就來吧，問我任何事。任何事！我會設法給你答案，我會用整個宇宙去做這件事。所以注意了！這本書並非我唯一的工具，差得遠呢！你可以在問個問題後，就放下這本書。但注意看！注意聽！你聽到的下一首歌的歌詞、你讀到的下一篇文章裡的資訊、你看到的下一部電影的故事情節、你遇見的下一個人無意中說的話，或下一條河、下一片海洋的私語，輕撫你耳朵的下一抹微風——所有這些的設計都是來自我；所有這些途徑都對我開放。如果你肯聽我對你說話。如果你邀請我，我會來。那時我會顯示給你看，我一向都在那兒，一向都是。

2 神的欲望

「請你將生命的道路指示給我：
唯有在你面前有圓滿的喜悅；
在你右邊也有我永遠的福樂。」

——聖詠十六：十一

我一生都在尋找通往神的路——

我知道——

——如今我找到了，卻無法相信。我感覺像是自己坐在這兒寫這些給我自己。

你是的。

那不太像是與神通訊會有的感覺。

你要鐘鼓齊鳴嗎？那我來看看我能安排些什麼。

你知道，一定會有人說這本書是個褻瀆。尤其是，如果你繼續以這樣一個自作聰明的傢伙的樣子出現的話。

讓我解釋一些事給你聽。你們有「神在人生中只以一種樣子出現」的想法。那是一個非常危險的想法。

這樣的想法讓你無法在一切地方看到神。如果你認為神看起來只有一種面貌，或聽起來只有一種聲音，或只以一種樣子存在，你便將日日夜夜忽略而看不到我。你將花一輩子找神而找不到她，因為你是在找他，我這是一個比喻。

曾有人說過，如果你在污穢深奧的地方看不到神，你便錯失了一半的故事。這真是個了不起的實話。

神在悲傷和歡笑裡，在苦與甜裡。每件事背後都有一個神聖的目的——因而在每個東西裡都有一個神聖的存在。

我曾經想寫一本叫作《神是一個義大利香腸三明治》的書。

那會是本非常好的書。我給了你那個靈感，可是後來你為什麼又沒寫了呢？

感覺起來像是褻瀆，或至少是可怕的不敬。

你是說精采的不敬！什麼東西讓你有神只是「虔誠的」這個想法？神是上與下、熱與冷、左與右、虔誠與不敬！

你認為神不能笑嗎？你是否認為神不會欣賞一個好笑話？你認為神是沒有幽默感的嗎？我告訴你，是神發明了幽默。

當你向我說話時，你必須文文靜靜的說嗎？鄙俗俚語或粗暴的言語是在我的知識範圍之外嗎？我告訴你，你可以跟我說話就像你會跟最好的朋友說話的樣子。

你認為會有一個字是我沒聽過，一個景象是我沒看過，一個聲音是我不知道的嗎？

你是否以為我輕視這些，而愛其他的？我告訴你，我什麼都不輕視。這些全都不會令我厭惡。它們是生命，而生命就是禮物；無法形容的寶藏；神聖中的神聖。

我即生命，因為我是生命所是的素質。生命的每個面向都有一個神聖的目的，沒有一樣東西的存在——沒有一樣東西——是不被神所了解和贊同的。

這怎麼可能？人創造出的邪惡又怎麼說呢？

你們無法創造一樣在神的計畫之外的事物——一個思維、一個物件、一個事件——或任何一種的經驗。因為神的計畫，是讓你們去創造任何事物——每樣事物——不論你們想要的是什麼東西。在這種自由裡，存在著神之為神的經驗——而就是為了這個經驗，我才創造你們，以及生命本身。

惡是你們稱為惡的事物，然而即使那個我也愛。因為只有透過你們稱為惡的，你們才能認識善；只有透過你們稱為是魔鬼的工作的事，你才能認識並且去做神的工作。我愛熱並不比我愛冷更多，愛高並不比愛低更多，愛左並不比愛右更多。這全是相對的，全是存在的一部分。

但我被教育成相信好與壞是真的存在；對與錯是相反的；有些事是不能做、不對、不可接受的。

在神的眼裡，每件事都「可以接受」。因為神怎能不接受現實？排斥一樣事物，就是否認它的存在。說它不對，就是說它不是我的一部分——而那是不可能的。

然而你仍然要保持你的信念，信守你的價值。因為這些也是你的父母和你父母的父母的價值，你的朋友和你的社會的價值。這些價值成了你人生的結構，棄絕它們會解散你經驗的組織。不過，仍舊要一一的檢查，一件件的檢討。別去拆房子，要檢視每塊磚，並且換掉那些看起來殘破而不再能支撐結構物。

你的對與錯的想法，就只是想法而已。它們是形成你是誰的樣貌、和創造你是誰的內涵的思維。只有一個理由需要去改變你的想法，只有一個目的去促使你改變——就是如果你不喜歡你是誰。

只有你知道你是否快樂。只有你可以對你的人生說——「這是我的創造（愛子），我所喜悅的。」（譯注：緣自《聖經》中耶穌被施洗者約翰受洗時，雲開了，有聲音由天上說……）

如果你的價值對你有用，保持它，為它辯論，為它戰鬥。

然而，想辦法以一種不會傷害任何人的方式戰鬥吧。傷害者在療癒裡並非一個必要的成分。

你一邊說我們的價值全盤皆錯，一邊又說「要保持住你的價值」。請解釋這點給我聽。

我並沒有說你們的價值是錯的，雖然那也不是對的。那些只是判斷、評估、決定。大半來說，那些價值並非你的，而是別人做的決定，也許是你的父母，或者你的宗教，你的老師、歷史學家、政客們。

你視為真理的價值判斷，很少是你——你自己，以你自身的經驗為基礎而做的。然而，經驗是你到這兒來的目的——而你應該根據你的經驗來創造你自己，但你卻根據別人的經驗創造了你自己。

如果有「罪」這東西的話，那就是：你因為別人的經驗而容許自己變成今天的樣子。這就是你犯的「罪」，你們全體都是。你沒等待自己的經驗，卻接受別人的經驗為福音（確實如此，然後當你第一次遇到了實際經驗時，你就將自己認為已知的事覆蓋在那遭遇上）。

如果你不這樣做的話，你可能會有一個全然不同的經驗——一個可能使得你的原來老師，或是錯誤的經驗。然而在大多數例子裡，你不想讓你的父母、你的學校、你的宗教、你的傳統、你的聖典是錯誤的——所以你否定了自己的經驗，而贊成別人教你去想的東西。

這點尤其在你們人類對性的處理上，被證實得最為清楚了。

每個人都知道，性經驗可以是人所能有的獨一：最有愛心的、最令人興奮、最強有力、最令人歡喜、最能使人恢復生氣、最能鼓舞精神、最能予人肯定、最親密、最使人能合為一體、最具娛樂性的肉體經驗。可是，你在經驗上發現這點之後，反而選擇去接受別人宣布對性的先前判斷、意見和想法。

這些意見、判斷和想法與你自己的經驗直接衝突，然而，因為你非常討厭讓你的老師們顯得錯誤，於是你說服自己，必然是你的經驗錯了。所以，最後是你反叛了你真正的真理——導致破壞性的結果。

在錢財方面，你們也一樣。在你的人生中，每當你有很多很多錢時，你便覺得棒極了，你收到錢覺得棒極了，你花掉錢也覺得棒極了。這並沒有什麼不好，沒有什麼壞，更不是什麼與生俱來的「錯」。然而在這個主題上，你們已有了根深柢固的別人的教誨，以至於你拒絕了自己的經驗，而去支持「真理」。

在接納了這「真理」為自己的之後，你在它周圍形成了思維——具有創造力的思維。如此，你創造了一個圍繞著金錢的個人實相，一個將金錢推離你的個人實相——因為你怎麼會想去吸引不好的東西呢？

令人驚訝的是，你在神的周圍也創造了同樣的矛盾。對於神，你的心所經驗的每件事都告訴你神是好的。但你的老師們教你有關神的每件事，都告訴你神是壞的。你的心告訴你，神應該被無懼的愛慕著，你的老師們卻告訴你，神是該被懼怕的，因為他是一位報復心重的神。他們說，你們該活在害怕神的義怒中，你們該在他面前顫抖，你一輩子都要害怕天父，因為天父是「公正的」。人家都這樣告訴你，而且老天有眼，當你面對天父可怕的公義時，你麻煩就大了！所以，你該「服從」神的命令。不然……

還有最重要的是，你不可問這種邏輯性的問題，像是「如果神要人嚴格服從他的法律，那他為何要創造出那些法律有被違犯的可能性」啊！你的老師告訴你——因為神要你有「自由的選擇」。然而，當選擇一件事而不選另一件事會導致詛咒時，哪種選擇是自由的呢？當「自由意志」並非你的意志，卻是別人的，並且必須服從，「自由意志」又如何是自由的呢？那些教你這個的人，讓神成了偽君子。他們告訴你，神即寬恕和慈悲；然而，如果你不以「正確方式」要求這寬恕，如果你不適當的「到神的面前來」，你的祈求將不會被聽到，你的哭訴不會被注意。當然，如果就只有一種適當的方式的話，也還不致太壞，但有多少教師在教人，就有多少種「適當的方式」啊！

所以，你們大部分的人，花掉你們成人生活的一大部分，只為尋找「正確」的崇拜、服從和侍奉神的方式。但所有這一切的反諷是，我並不要你們的崇拜，我並不需要你們的服從，你們並沒有必要侍奉我。

這些行為是歷史上君王要求下屬的行為，而那些君王又往往是自大狂、沒安全感、專制的君王。不論怎麼說，那些都不是神會有的要求，而世人至今卻還無法下結論說，那些要求是假造的，與神明的需要或願望根本毫無關係。這實在是非常奇怪的事。

神沒有需要。「一切萬有」本就是所有的一切。所以，就定義而言，他不需要，也不欠缺任何東西。

如果你選擇相信一位需要某些東西的神，而且如果他得不到就會很傷心，進而懲罰那些不給他那東西的人的話，那麼你便是選擇了一個比我小得多的神。你們真的是一位較差的神的兒女（Children of a Lessor God，譯注：電影《悲憐上帝的女兒》之原名）。

你們不是的，我的孩子們，請讓我藉這本書再一次的向你們保證，我沒有需要。我不要任何東西。

這並不意謂著我是沒有欲望的。欲望和需要並非同一件事（雖然許多人在你們目前這一生裡，把兩者看成一樣）。

欲望是所有創造的開始，它是第一個思維。欲望是在靈魂內的一種崇高感受，它是神選擇下一次要創造什麼。

而神的欲望又是什麼呢？

首先，我願認識並經驗我自己，在我所有的榮光裡——認識我是誰。在我發明你們以及宇宙之所有世界——之前，我不可能如此做。

第二，我願你們認識且經驗你們真正是誰，藉由我賦予你們的力量，不論你們選擇的什麼方式去創造並經驗你自己。

第三，我願整個人生過程的每個片刻都是不變的喜悅、持續的創造、永不休止的擴展和完全的圓滿的經驗。

我已建立了一個完美的系統，讓這些欲望得以實現，現在它們正被實現中——就在當下這一瞬。你我之間的唯一差異就在我知道這點。

在你完全知曉的那瞬間（在任何時候那一瞬都可能降臨到你身上），你也會像我一樣感受到完全的喜悅、摯愛、接受、祝福和感恩。

這是神的五種態度。我們結束這場對話之前，我會顯示給你看，這些態度在你人生中的應用，如何能——並且將會——帶你到神性上。

以上這一切，是對一個非常短的問題非常長的答覆。

沒錯，請保持你們的價值——只要你還經驗到那些對你是有用的。但要留神的看明白，你以你的思維、語言和行為去信奉的價值，是否將你所有的最高和最好的想法帶到你經驗的空間來了。

一一檢查你的價值。把它們舉起來讓公眾細看。如果你能不縮小步調，或毫不猶豫的告訴世界你是誰，以及你相信什麼，你對自己就是滿意的。你也就沒有理由再繼續與我的這個對話，因為你已創造了一個自己——並且為自己創造了一個生命——那是不需要贊同的。你已達到了完美。將這本書放下吧！

我的人生並不完美，離完美還遠得很，我並不完美。事實上，我是一團不完美。我希望——有時我全心的希望——我能改正這些不完美；我明白是什麼導致我的行為，是什麼安排了我的墮落，是什麼一直在阻撓我。我猜，那就是我為什麼來找你的原因。我還沒辦法靠自己找到答案。

我很高興你來了。我一直在這兒等著幫助你，我現在就在此，你不必靠自己找到答案，你從來就不必。

然而，就這樣坐下來，以這種方式與你對話，好像很……冒昧——更別說想像你——神——在回話了——我是指，這簡直是瘋了。

我明白了。《聖經》的作著就是精神健全的，但你卻是瘋了。

《聖經》的作者是目睹了基督一生的目擊者，而忠實的記錄了他們所見所聞。

更正。大多數《新約》的作者，從未遇見或看過耶穌，他們活在耶穌離世許多年之後。如果他們在街上撞見了拿撒勒的耶穌，也不會認識他的。

但是……

《聖經》的作者是了不起的信仰者和了不起的歷史學家。他們接納了別人——長老們——傳給他們和他們的朋友的故事。這些長老們一一相傳，直到終於完成一個寫下的紀錄。

而並非《聖經》作者所記錄的每件事，都被包括在最後的文件裡。

緣著耶穌之教誨，已冒出了一些「教會」——就如不論何時，不論何地，因為一個有力概念的形成，讓人們聚集時總會發生的事：在這些教會或集團裡，有某些人決定耶穌故事的哪些部分要被宣講，以及如何講。在整個蒐集、寫作、出版福音《聖經》的期間，選擇和編輯的過程一直在進行。

甚至在原始經典被寫下來的幾世紀之後，教會的高階會議又再決定一次，哪個主義和真理該被包括在那時官方《聖經》裡——而哪個是「不健康」或「不成熟」，不應該透露給大眾。還有其他的神聖經典——每個都是由平凡的人在靈感降臨的時刻寫下來的，他們也都不比你更瘋。

你是在暗示——你不是在暗示吧——這本書有一天也可能變成「神聖的經典」？

我的孩子，在人生中每件事都是神聖的。是的，以那種說法，這些是神聖的著作。但我不會跟你說模稜兩可的話，因為我知道你的意思。

不是，我並沒暗示這手稿有一天會變成神聖的經典。至少，不在這幾百年之內，或直到這語言變得過時了。

你明白嗎，問題在，我們所用的語言太口語化、太淺白、太現代。而人們通常會以為，如果神真的直接跟你說話，神也不會聽起來像個隔壁的傢伙。他說的語言應該有一些統一的，如果不是聖化的結構，也應該有一些尊嚴，一些神性的感覺。

如我先前說過的，那是問題的一部分。人們對神有個感覺，覺得他應該是以某種形象「現身」。而任何違反那形象的，就被認為是褻瀆。

如我先前所說過的。

對，如你先前所說過的。

但現在讓我們把你問題的核心弄個明白。你為什麼會認為，你能和神有個對話是瘋狂的？你不相信祈禱嗎？

我相信，但那是不同的。對我而言，祈禱一直是單向的。我問，而神保持如如不動。

神從未回應一個禱告？

哦，有的！但從未用說的。你明白嗎？嗯，在我一生中發生過種種的事，我確信是對禱告的回應——一個非常直接的回應。但神從沒開口對我說話。

我懂了。所以這個你相信的神——這個能做任何事的神——他只是無法說話。

如果神想要說的話，當然他可以說話。只不過好像神不大可能會想要跟我說話。

這就你人生裡所經驗的每個難題的根源——因為你不認為自己配讓神對你說話。

老天哪！如果你不認為自己配得上我對你說話，你又怎麼可能期望聽見我的聲音？

我告訴你：我現在正表演一個奇蹟。因為我不但在對你說話，並且對每個拿起這本書、在讀這些字的人說話。

我現在正在對每個他們說話。我知道每個他們是誰。我現在知道誰會找到這些字句——而我知道（正如對我所有其他的通訊一樣）有哪些人將能聽見——而有些人則只能聽而不聞。

好，那引發了另一件事。即使現在，當這本書還在進行中，我已經想要出版了。

很好啊！那有什麼「錯」嗎？

別人會不會認為我是為了利益而造出這整件事的？那豈不是令這整件事顯得很可疑嗎？

你的動機是在寫什麼你可以賺大錢的東西嗎？

不是的，那並非我開始這件事的理由。我會開始這紙上的對話，是因為我的大腦已被一些問題——我急於想得到答案的問題——折磨了三十年了。而我要將所有這些做成一本書的想法是後來才有的。

是我給你這想法的。

是你給我這想法？

是的。你不會以為，我會讓你浪費掉所有這些奇妙的問題與答覆吧？

我沒想過這點。最初，我只希望我的問題得到回答，困惑得到解決，結束不斷的尋找。

很好，那麼就停止質疑你的動機（你一直不停的那樣做），讓我們繼續吧！

3 你在做神的合夥人

嗯，我有上百個問題。上千、上萬個問題。而問題是，有時候我不知道從何問起。

只要把問題列下來。只要從某一處開始。現在馬上進行，列出你想到的問題。

好吧。有些問題看起來相當簡單，相當庸俗。

停止對你自己下判斷，只把問題列出來。

好。以下就是我現在想到的一些：

1我的人生何時才會「起飛」呢？我要如何才能「振作起來」，而達成最起碼的成功呢？我的奮鬥有沒有終止的一天呢？

2我什麼時候才能在關係中學得夠多，而讓關係順利進行？到底有沒有一種方法可以在關係中保持快樂？它們必得是經歷不斷的挑戰嗎？

3我為何彷彿無法在我的人生中吸引到足夠的錢財？我的餘生是否注定得省吃儉用？關於金錢，是什麼阻止了我去實現我全部的潛能？
4我為何不能做我真正想做的事，而且也能謀生呢？
5我如何解決一些健康上的問題？我經歷過的慢性病痛已夠我三輩子受的了。還有，我為什麼會有這些問題呢？
6我在此生該學的因果教訓是什麼？我正在試圖嫻熟什麼？
7有沒有轉世這回事？我有多少前生？我的前生是什麼？「因果債」是真有其事嗎？
8我有時候覺得頗有神通。到底有沒有神通這回事？我是個通靈者嗎？聲稱通靈的人是否在「和魔鬼打交道」？
9做好事是否可以收費？如果我選擇在世上做治療的工作——神的工作——我能那樣做而同時也變得很有錢嗎？或兩者是互相牴觸的？
10性是許可的嗎？請照實說吧——在這個人類經驗背後的真實故事是什麼？性，是否如某些宗教所說，純粹是為了繁衍後代？是否得透過否定——或轉化——性能量，才能達成真正的神聖和悟道？是否可以享有無愛之性？光是身體上的性感受，是否足以成為享受性的理由？
11如果我們必須要盡量避開性，那你又為什麼將性造成這麼好、這麼令人目眩、這麼有力的一種人類經驗呢？哪一邊得讓步？就此而言，為什麼所有好玩的事不是「不道德，不合法」，就是「讓人發福」的呢？
12在其他的星球上有生命嗎？他們來探訪過我們嗎？我們現在是否正被觀察著？在我們此

生，我們會看到外星生命的證據——不可置疑且不容辯駁的證據嗎？每種生命形式是否都有自己的神？你是所有一切的神嗎？

13烏托邦有天會不會降臨到地球？神會如他承諾過的，顯現他自己給地球上的人？有沒有「基督再臨」這回事？會有世界末日來臨，如在《聖經》裡預言過的？是否有個唯一的正教？如果有，是哪一個？

這些只是我少數幾個問題，如我說過的，我還有成千上百個。有些問題令我很不好意思——它們是如此的「不成熟」。但請回答這些問題——一次回答一個——並且讓我們好好「談談」它們。

好的。現在我們正式上路了。不必為這些問題道歉，這些是男人和女人們幾百年來都一直在問的問題。如果這些問題是如此無聊，就不會有一代接一代的人都在問了。所以讓我們看看第一個問題。

我曾在宇宙裡建立了「律法」（Laws），使得你們可能有——可能創造——你們選擇的東西。你們不能違反這些「律法」，也無法忽略不管。甚至當你現在讀這文字時，你也在遵守這些「律法」。你們無法不遵守「律法」，因為那是事情運作的方式。你無法離開「律法」；你無法在它之外運作。

你生命的每一分鐘都在「律法」之內運作——而你也依此創造出你所曾經歷的每件事。

你在做神的合夥人，我們共享一份永恆的盟約。我應允你的是：永遠給你要求的東西；而你應做的是：去要求，去了解要求和回應的過程。我以前已經跟你解釋過一次這個過程，我再解釋一遍，讓你能更清楚的了解。

你是三重的生命。你包括了身體、心智和心靈。你也可以稱之為物質（形體）、非物質（非形體），以及超物質（the meta-physical，亦即形而上的）。這即是三位一體（Holy Trinity），而人類曾給它許多不同的名字。

你是什麼，我就是什麼。我顯現為三位一體的樣子。你們有些神學家曾稱此為聖父、聖子和聖靈。

你們的精神科醫師曾認出這「三人組」，而稱之為意識、潛意識及超意識。

你們的哲學家曾稱之為原欲、自我及超我。

科學家們稱之為能量、物質及反物質。

詩人說起腦、心與靈魂。新時代思想家談到身、心與靈。

你們的時間被分隔為過去、現在與未來。這豈不是與潛意識、意識與超意識相同嗎？

空間同樣的也分隔成三：這兒、那兒，及兩者之間的空間。

困難且難以捉摸的是界定及描寫這「兩者之間的空間」。你一旦開始定義或描寫，你所描寫的空間就變成了「這兒」或「那兒」。然而，我們明知這「兩者之間的空間」存在。它就是那令「這兒」和「那兒」定位的東西，正如永恆的現在（eternal now）令「之前」與「之後」定了位。

你們的這三個面向（aspects）事實上是三種能量。你可稱之為思維、語言和行動。所有三項合在一起產生了一個結果——以你們的語言和了解，被稱為一個感受或體驗。

你的靈魂（潛意識、原欲、心靈、過去等）是你曾有過（創造過）的每個感受的總和。你對這其中的某些覺察，就是你所謂的記憶。當你有個記憶，你就是在重組（re-member）。那就是，將東西放回到一起，重新組合各個零組件。

當你重組了你的各個部分。你將會重新組合（re-membered，譯注：此處神在玩文字遊戲，member文義可包括部分、成員）你真正是誰。

創造的過程始自思維——一個想法、觀念、觀想（visualization）。你眼見的每件東西都曾是某人的想法。在你們世界裡存在的東西，沒有一樣不是先以純粹思維的方式存在的。

就宇宙而言，這也是真的。

思維是創造的第一個層次。

語言是第二層，你說的每句話都是一個思維的表達。語言是有創造性的，且會將創造能量送到宇宙裡。語言比思維更富動力（因此，有人可能會說是更富創造力的），因為語言和思維是在不同的振動層面上。語言更大的衝擊力是擾動（改變、影響）宇宙。

語言是第二個創造層面。

再其次是行動。

行動是在動的語言，語言是表達出來的思維，思維是成形的想法，想法是匯合到一起的能量，能量是被釋出的力量，力量是元素的存在。元素是神的粒子，一切的一部分，每樣東西的材料。

神是開始，行動是結束。行動是神在創造，或神的體驗。

你們對自己的想法是：你們不夠好，不夠神妙，不夠無罪來做為神的一部分，並與神合夥。你已經長久的否認了你是誰，以致你已遺忘了你是誰。

這並非因巧合而發生，這並非偶發事件，全是神聖計畫的一部分。因為，如果你已然是你的本來身分，你便無法去要求所有權、創造力，以及體驗你是誰了。所以你必須先放掉（否認、忘懷）你與我的連繫，你才能藉由完全的創造——藉由召之前來——以便完全的體驗。因為你最大的願望——也是我最大的欲望——就是讓你體驗你本是的：我的一部分。所以，你正藉著在每個片刻重新創造自己，因而體驗你自己的過程裡。就如我也透過你而這樣做一樣。

你看到這個合夥關係了嗎？你了解這個意涵了嗎？這是個神聖的合作——真的，一個神聖的合一。

當你選擇這樣做的時候，生命將為你「起飛」。但你尚未選擇如此，你曾拖延、延長、伸長、抗議。現在是你宣布並且製造出你曾被應允的東西的時候了，你可以做到這點，你必須相信那允諾，並且實現它。你必須實現神的允諾。

神的允諾是：你是他的兒子，她的後裔，它的肖像，他的相等物。

啊……這兒就是你卡住的地方。你能接受「他的兒子」「後裔」「肖像」，但你對被稱為「他的相等物」卻反彈了。那超過了你能接受的程度。太自大了，太神奇了——太多的責任了。因為，如果你是神的相等物，那就意謂著沒有人在對你做什麼——而所有的事物都是被你創造的。再也不可能有受害者，再也沒有惡人——只有你對一件事物的想法所造成的結果。

我告訴你：你在世界看到的所有一切，都是你對它的想法的結果。

你想要你的人生真的「起飛」嗎？那麼就改變你對事情的想法。如你是的神的模樣，去思想、說話，以及行動。

當然這會將你與許多人——大半的人——分開，他們會稱你為瘋子，說你褻瀆。他們甚至終究會受夠了你，而企圖釘死你。

他們會這麼做，並非因為他們認為你在自己的幻覺世界裡（大多數人夠器量，會容許你有你私自的娛樂），卻擔心別人遲早會被你的真理吸引——為了那真理帶給他們的允諾。

那就是你的同伴們會干預的地方——因為那就是你開始會威脅到他們的地方。因為你們單純的真理，單純的被實現的話，會提供更多的美、更多的安適、更多的寧靜、更多的喜悅，以及更多對自己和他人的愛，比任何你們活在紅塵裡的人能發明設計出的還要多。

而那個真理，若別人也採納的話，意謂著他們的處世方式也將終止，意謂著憎恨、恐懼、偏見和戰爭的終止，以我之名而持續進行的譴責和殺戮的終止，「力量即正義」的終止，靠權力獲取利益的終止，以恐懼獲取忠誠及臣服的終止，如他們所知——以及如你至今所曾創造——的戰爭的終止。

因此，善良的靈魂，要準備好啊！因為你會受到詆毀和侮辱，被中傷和捨棄，最後他們會控訴你，審判你，並且定你死罪——全以他們自己的方式——當你一旦接受且採納了你的神聖主義——實現自己——的時候。

那麼，為什麼要去做這件事呢？

因為你不再在意世界的接受或贊同，你不再滿足於它所帶給你的東西，你也不再喜歡它帶給別人的結果。你要止住那痛，停止那苦，終止那幻象。你已受夠了這個世界的現狀，你在尋找一個更新的世界。

別再尋找了。現在，召它前來。

你能幫我更加了解如何去做嗎？

好的。首先，找到你對自己的最高想法，想像一下，如果你每天都照這個想法過活，你是什麼樣子，想像你會怎麼思想、做事和說話，以及你會如何對其他人的所言所行反應。

你看得出在那個投射和你現在如何思想、做事與說話之間有何不同嗎？

是的。我看到了很大的不同。

很好。你應當看得出，因為我們知道現在你並沒有活在你對自己的最高夢想裡。現在，既然已看到你所在之處和你想到之處的差別，就開始改變——有意識的改變——你的思想、語言和行為，以配合你最遠大的夢想。

這需要非同小可的精神上和身體上的努力，這需要對你每個思、言、行經常的、時時刻刻的監督，這涉及了有意識的持續選擇，這整個過程是朝向莊嚴有力的意識前進。如果你接受了這項挑戰，你會發現一半的人生都是無意識的活著。那就是說，在有意識的層面上，你沒有覺察你在思、言、行上選擇了什麼，直到你體驗到其後果。然後，當你經驗到這些後果時，你否認你的思、言、行與它們有任何關係。

這是個停止你如此無意識生活的召喚，是有始以來你的靈魂一直在叫你面對的挑戰。

這樣持續不斷的心神監督，看起來非常令人筋疲力竭——可能會的，直到它變成了你的第二天性。事實上一定是你的第二天性。你的第一天性是無條件的愛人。你的第二天性是選擇去有意識的表達你的第一天性，你的真正本性。

恕我多嘴，但這種對我所思所言所行的每件事不停的編輯（editing），豈不會令人變得呆板無趣嗎？

絕不會，會變得不同，但不會呆板無趣。耶穌呆板嗎？我不以為。在佛陀身邊很無趣嗎？人們在他跟前聚集、乞求。沒有一個達到大師級的人是無趣的，他們也許非比尋常，也許特殊。但從不會無趣。

所以——你希望你的人生「起飛」嗎？立即開始想像你希望它是的模樣——然後深入其間，檢查每一個與之不和諧的思、言、行，遠離它們。

當你有個與你更高的想法不協一的思維，當下就改變到一個新思維去。當你說了跟你最偉大的想法不協一的一句話，心中記下別再說類似的話。當你做了一件與你最大的善意不協調的事，下決心那將是最後一次。並且，如果可能的話，也與牽涉其中的任何人解釋明白。

我以前聽過這種話，但我一向持反對意見，因為聽起來很不誠實。我的意思是，如果你病得跟條狗似的，你不該承認。如果你氣得七竅生煙，你不該表現出來。這令我想起了一個笑話，關於三個被判下地獄的人。一個是天主教徒，一個是猶太人，一個是新時代人（New Ager）。魔鬼冷嘲熱諷的對天主教徒說：「喂，你享受這份熱嗎？」天主教徒嗤之以鼻道：「我回向給上天。」魔鬼隨即問猶太人：「那你又享受不享受這份熱呢？」猶太人說：「除了預期更多的苦難，我還能期待什麼呢？」最後，魔鬼走近新時代人。「熱？」新時代人一邊冒汗一邊說：「什麼熱？」

真是個精采的笑話。但我說的並不是忽視問題，或假裝它不在那兒。我說的是，注意當時的狀況，然後說出關於它最高的實話。

如果你破產了，你就是破產了。對這事撒謊是沒有意義的，並且若試圖假造出一個故事以便不去承認它，更是累人。然而，你如何經驗「破產」這回事，是要看你對它的想法——「破產是壞事」「這太可怕了」「我是個壞人，因為勤勉做事和真正努力的好人永不會破產」等等。你停留在破產狀況多久，要看你對破產的說法——「我破產了」「我身無分文」「我一無所有」。創造你長期的現實狀況的，是你對破產所採取的行動——替自己難過，消沉地無所事事，不謀求解決之道，因為「又有什麼用呢」。

對宇宙需要有的第一個了解是，沒有情況是「好」或「壞」的，它只不過如是。所以，停止做出價值判斷吧！

第二件需要明白的是，所有的狀況都是暫時性的。沒有一件事維持不變，沒有一件事保持靜定。一件事往哪個方向變，操之在你。

對不起，我又必須打斷你了。若是一個人病了，但他有移山的信心——因此他思、言，並且相信他會好些……卻在六週後死了，那又怎麼說呢？那豈不與所有這些積極性思考、肯定性行動的講法相衝突了嗎？

很好，你這問題還真得好好想想。很好，你並沒有只是聽信我的話。有一天，你會到達一個層次，那時你必須聽信我的話——因為你終於會發現，我們——你和我——可以永遠不停的討論這件事，直到你沒有別的事可做，只能「試試看或否認它」。但我們還沒到達那個地方。所以讓我們繼續這對話；讓我們繼續——

那個「有移山的信心」而在六週後死去的人，他移山達六週之久。那在他而言可能已經夠了。可能在最後一天的最後一小時，他決定說：「好吧，我受夠了。我現在已準備好去從事另一個探險了。」你可能不知道那個決定，因為他可能沒告訴過你。事實是，他可能相當早——幾天前、幾週前——便做了那個決定，卻沒有告訴你，也沒告訴任何人。

你們創造了一個社會，在這個社會裡，想死是非常不被接受的，能接受死亡是非常不能被接受的。由於你自己不想死，你無法想像有任何人會想要死——不論他們的環境或狀況如何。

但有許多情況，人們會情願死而不想活，我相信如果你稍微想一想，你就能了解的。然而，當你注視一個選擇了死亡的人的臉時，你並沒想到這事實——那並非不證自明的。而垂死的人明白，他能感受到關於這個決定，屋裡的人的接受度。

你有沒有注意過，有多少人是等到屋裡無人時才死？有些人甚至必須告訴他們所愛的人——「沒事，真的沒事，去吧，去吃點東西。」或「去吧，去睡一會兒。我很好。明天見。」然後，當忠心的守護者離開了，被守護的人的靈魂也就離開了身體。

如果他們告訴聚集一堂的親友們說：「我只想死。」相信他們會聽到：「哦，你不是說真的吧！」「唉，別那樣說。」「撐著點！」或「請別離開我。」

整個醫學界就是被訓練來保住人的生命，而非使人們安適，以便他們能有尊嚴的死去。

你明白嗎，對一位醫生或護士而言，死亡是個失敗。對一位朋友或親戚而言，死亡是件災難。只有對靈魂而言，死亡是如釋重負。

你能給垂危者的最大禮物是，讓他們平靜的死——而不是以為他們必須「撐下去」，繼續受罪，或在他們此生這個最關鍵性的時刻還得擔心你。

所以，對那個說他會活下去，相信他會活下去，甚至祈求活下去的人，這時事情的真相卻是：在靈魂的層面，他「改變了主意」。現在是放掉身體，讓靈魂有自由去從事其他追求的時候。當靈魂做了這個決定，身體怎麼樣做也無法改變了。大腦怎樣想也無法改變了。唯有在死亡的那一刻，我們才知道，在身心靈的三人組裡，誰才是老大。

你終其一生都以為你是你的身體，有時候你認為你是你的大腦，只有在你死亡的時候，你才發現你到底是誰。

的確也有些時候，身和心就是不聽靈魂的話，這也會創造出你所形容的場景。人們最難做到的就是聆聽他們自己的靈魂（請注意有多麼少的人那樣做）。

那麼，往往靈魂做了一個決定：是他該離開身體的時候了。身與心——一向是靈魂的僕人——聽到了這點，而開始了脫離的過程。然而心（自我）不想接受，畢竟這是它存在的終結，所以心指示身體要抵抗死亡。身體很高興聽命，因為它也不想死。身和心（自我）為此從外在世界——收到很大的鼓勵，很大的稱許，所以這戰略得到了肯定。

現在，在這一點，每件事情都得看靈魂有多急於離去。如果此處沒有很急迫的感覺，靈魂可能說：「好吧，你贏了。我會再跟你們待一陣子。」但如果靈魂非常確定，停留對它更高的議程沒什麼用的話——它無法再透過這個身體而更進一步演化的話——靈魂就會離開，沒有任何事情能——也不該——阻止它。

靈魂很清楚它的目的是要演化，那是它唯一的（sole）目的——也是靈魂的（soul）目的（譯注：此處，神在玩同音字的遊戲）。它並不在意身體的成就或心智的發展，這些對靈魂而言都是無意義的。

靈魂也很清楚，離開身體並非什麼了不起的悲劇。在許多方面來說，困在身體裡才是悲劇。所以你必須了解，靈魂以不同的角度來看死亡這件事。當然，它也以不同的角度來看整個「生命這回事」，而這就是一個人，在他人生中感受到的挫敗和焦慮的大部分來源。挫敗和焦慮來自不聆聽自己的靈魂。

我怎樣才能盡量聆聽我的靈魂？真的，如果靈魂是老大，我怎麼才能確知我是從他那裡得到了些指示呢？

你能做的第一件事是：弄清楚你的靈魂在追求什麼——並且不再加以批判。

我在批判我自己的靈魂嗎？

經常如此。我剛剛才給你看過，你如何批判你自己想死的願望。你也批判自己想活——真的活著——的願望。你為了自己想笑、想哭、想贏、想輸——尤其是想體驗喜悅和愛——而批判自己。

真的嗎？

你不知從哪裡無意中發現了捨棄喜悅是虔誠的——不禮讚生命是神聖的——想法。你告訴自己，否定是好的。

你是說這樣不好嗎？

它既非好也非壞，只是否定。如果在否定自己之後，你覺得很好，那麼在你的世界裡那就是好的。如果你覺得不舒服，那麼它就是壞的。但多半時候，你無法決定是好是壞，你捨棄這個或那個，是因為你告訴自己不該得到。然後你說那是件好事——但又奇怪自己為什麼會覺得不舒服。

所以，第一件該做的事，就是停止批判自己。弄明白靈魂的願望，而順著去做，順隨你的靈魂。

靈魂追求的是——你所能想像的對愛的最高感受，這是靈魂的願望，這是它的目的。靈魂是在追求那種感受，並非知識而是感受。它已然有那知識，但知識是概念性的，感受是經驗性的，靈魂想要感受它自己，在它自己的經驗裡認識自己。

最高的感受是，體驗到與「一切萬有」的合一。這是靈魂所渴望的偉大的回歸真理，這是「完美的愛」的感受。

就感受而言，完美的愛就像是色彩中的白色一樣。許多人以為白色是沒有色彩的，不是的，白色涵括了所有的色彩，白色是其他每個存在的色彩合在一起。

所以，同樣的，愛並非情緒（恨、憤怒、情欲、嫉妒、貪婪）的不在，卻是所有感受的總和。愛是總額，是集合起的總和，是每一樣東西。

因此，靈魂若要體驗完美的愛，就必須體驗每一樣人類的感受。

對於我不了解的東西，我如何能有同情呢？我如何能寬恕別人的感受，如果我自己從來沒有那種經驗？所以我們看到了靈魂之旅的單純及可畏的兩面。我們終於了解它想要做什麼：

人類靈魂的目的，就是去經驗所有一切——因而它能夠是所有一切。

如果它從沒處於下，它如何能處於上？如果它沒在左邊，它如何能在右邊？如果它不認識冷，它如何是溫暖的？如果它否認惡，它如何能認識善？很顯然，如果沒有可資選擇的東西，它如何能選擇做任何東西？若要靈魂去體驗它的偉大，它必須明白偉大是什麼。如果除了偉大之外沒有別的，它便無法做到這一點。所以，靈魂了悟到，偉大只能存在於不偉大的空間裡。因此，靈魂從不譴責那不偉大的東西，卻只祝福——在其內看到它自己的一部分，這部分為了讓自己的另一部分凸顯而必須存在。

當然，靈魂的工作是讓我們選擇那偉大——選擇你能是的最好的你——而不去譴責你沒選擇的部分。

這是一件需要許多生來完成的重任，因為你們習慣於很快的下判斷，稱一件事為「錯誤」或「壞的」或「不足」，而非祝福你那未曾選擇的東西。

你們還不只去譴責——事實上你們試圖去傷害你們未曾選擇的東西。你試圖去毀滅它。如果有你不贊同的人、事、物，你便攻擊它。如果有與你的宗教不同的宗教，你便說它是錯的。如果有與你的思維矛盾的想法，你便恥笑它。如果有與你不同的想法，你便排斥它。你這樣做就不對了，因為你只創造了半個宇宙。而當你輕率的排斥了另一半的宇宙時，你甚至無法了解你這一半。

所有這一切都非常深奧——但我謝謝你。從來沒有人跟我說這些事情。至少，沒說得這樣言簡意賅。我正試圖了解，真的，我在努力。然而，這些東西有的很難理解。舉例來說，你彷彿是說，我們應該愛「錯」，以便能了解「對」。你的意思是說我們必須擁抱魔鬼嗎？

否則你又怎麼療癒他？當然，並沒有一個真的魔鬼存在——但我以你所選擇的用語來答覆你。

療癒是接受一切，然後選擇最好的一個過程。你了解嗎？如果你沒有別的選擇，你無法選擇去做神。

嘿！等一下，誰又說過選擇做神的話了？

最高的感受是完美的愛，不是嗎？

是的，我覺得該是的。

那你能找到對神的一個更好的形容嗎？

不，我不能。

可是，你的靈魂尋求那最高的感受。靈魂尋求去體驗——去做——完美的愛。靈魂即完美的愛——它知道這一點。然而靈魂希望不只是知道，它希望去經驗與實踐。當然你在尋求做神！否則你認為你在打什麼主意呢？

我不知道，我不確定，我猜我只不過從未這麼想過。那樣想總像有一點對神不敬吧？

你尋求像魔鬼卻不覺得有何褻瀆神的意思，但尋求像神卻令你覺得刺耳，這不是很有趣嗎？

喂！等一下！誰又尋求像魔鬼了？

你啊！你們全都是！你們甚至創造出宗教，讓它告訴你們，你們生於罪中，你們生出來便是罪人，為的是說服你們自己，你們是邪惡的。然而，如果我告訴你們，你們是由神生出來的，你們出生時是純粹的男神和女神——純粹的愛——你們卻否定我。

你們一輩子都花在說服自己是壞人。不只你們是壞人，你們想要的東西也是壞東西。性是壞的、金錢是壞的、喜悅是壞的、權力是壞的，擁有很多東西——任何東西——是壞的。有些宗教甚至讓你們相信跳舞是壞的，享樂是壞的，慶祝生命是壞的。不久你們可能也會同意，微笑是壞的，大笑是壞的，愛人是壞的。

不！不！我的朋友，你對許多事或許不是很清楚，但關於一件事你卻是很清楚的：就是你，和大半你想要的東西，都是壞的。對你自己下了這個判斷之後，你也就決定了你的任務，是去變得更好一點。

請注意！那也沒有問題。無論如何，條條大路通羅馬，只不過，是有一條更快、更短、更便捷的路。

是哪一條？

就是接受你現在是誰及是什麼——並且表現出來。

這是耶穌所做的。這是佛陀之路，克里希那（Krishna，譯注：印度教之神）之路，曾出現在這星球上的每一位大師所行之路。

而同樣的，每位大師都帶來一樣的訊息：我是什麼，你也是什麼。我能做到的，你也做得到。這些事，還有更多的事，你也都能做到。

然而你沒有聽進去，你反倒選擇那困難得多的道路：認為你是魔鬼，想像你是邪惡的。你說，行基督之道是困難的，跟從佛陀的教誨是困難的，去保有克里希那的光，去做個大師是困難的。但我告訴你：否認你是誰比接受它要難太多了。

你們即是美善、同情、慈悲和了解。你們即是平安、喜悅和光明。你們即是寬恕和耐心，力量和勇氣，在困難時的援手，在悲傷時的慰藉，在受傷時的治癒者，在迷茫時的老師。你們是最深的智慧和最高的真理；最深的安靜和最大的愛。你們是這些。而在你們人生的一些時刻裡，你們已知自己是這些。

現在就選擇知道你自己永遠是這些！

4 有些人非常清醒，而有些人則在夢遊

咻！你啟發了我！

本來嘛，如果神不能啟發你，難道鬼才能啟發你嗎？

你總是如此輕佻嗎？

我所說的並不是輕佻的話，你可以再讀一遍看看。

哦，我明白了。

很好。

可是，就算我真是在說輕佻話，也沒關係的，不是嗎？

我不知道。只不過我習慣於我的神是稍微嚴肅一些的。

唉呀，做做好事吧，別試圖限制我。順帶說一句，也別那樣對待你自己。我只不過碰巧很有幽默感。我想，如果你看到你們全都把自己的人生弄成了什麼德行時，你就必須有幽默感，不是嗎？我是說，有時候我除了發笑外，沒有別的辦法。不過，那也沒關係。因為，你要知道，我明白事情終究是沒問題的。

你那樣說是什麼意思？

我的意思是，在這場遊戲裡，你無法輸，你無法做錯，錯誤不屬於計畫的一部分。你無法不抵達你要去的地方，你無法錯過你的目的地。如果神是你的標靶，你可走運了，因為神是如此之大，你不會錯過他的。

當然，那也是最大的煩惱。最大的煩惱是，不知怎的，我們弄砸了，而再也見不到你，再也沒法與你在一起了。

你的意思是「上天堂」？

是的。我們全都害怕下地獄。

所以你一開始便將自己放在地獄裡，以避免到那兒去。嘿……有趣的戰略。

你又在說輕佻話了。

我也沒辦法呀！這整個有關地獄的說法令我原形畢露啊！

天啊！你是個十足的喜劇演員。

你花了這麼久的時間才發現這一點嗎？你最近注意過時事嗎？

這又令我想到另一個問題。你為什麼不整頓好世界，反倒坐視它變成地獄似的呢？

你又為什麼不整頓世界呢？

我沒那個力量。

胡說！你現在就有力量和能力，在這一瞬間終止世界的饑荒和治癒疾病。如果我告訴你，你們自己的醫學界拖延不發表治療之方，拒不贊同另類醫藥及療法，為的是它們會威脅到「治療」專業的根本結構，你會怎麼想？如果我告訴你，世界上的各個政府並不想要終止世界饑荒，你會相信我嗎？

我會覺得難以置信。我知道那是民粹主義者（populist，美國人民黨所提倡的主義，以主張保護農民為其政策）的看法，但我無法相信它竟然是真的。沒有醫生會去否定任何一種治療法。沒有哪一國的人會想看到他自己的同胞死去。

沒錯，沒有一個醫生會如此。沒錯，沒有特定的哪一國人會如此。但醫療和政治已經變得體制化了（institutionalized），而……由於對那些機構而言是攸關其生死的問題，所以那些機構反對這些事，有時是非常不著痕跡的，有時甚至是無意的，但卻是不可避免的。

所以，我只舉一個非常簡單而明顯的例子，西方的醫生否定東方醫生醫術的療效，因為，若接受它們，若承認某種另類用藥程式，可能正可以提供一些治療的話，就會動搖已建制好的體制基礎吧！

這並非惡意的，但卻是暗自進行的。那些專業的人並非由於明知其為惡事而去做，卻是由於恐懼而做。

所有的攻擊都是一種呼救。

我在《奇蹟課程》這本書裡讀到過那句話。

是我把它放在那兒的。

哇塞，你對每個問題都準備好答案了嘛！

那倒提醒了我，我們才剛開始回答你的問題而已。我們是在討論如何令你的人生踏上正軌，如何讓它「起飛」。我本是在討論創造的過程。

是的，而我一直在打岔。

沒有關係，但是我們還是回頭吧，我可不想切斷那麼重要問題的線索。

生命是個創造，而非一個發現。

你每天活著，並不是去發現生命為你準備了什麼，而是去創造生命。你每分每秒都在創造你的實相，雖然可能你並不知覺。

以下就是它為何如此，以及它是如何運作的。

1我以神的形象創造了你們。

2神是那創造者。

3你們是三位一體的。你們可稱「存在的這三個面向」為任何你們想要的名稱：聖父、聖子和聖靈；身、心和靈；或者超意識、意識、潛意識。

4創造是由你身體的這三個部分出生的一個過程。換一種說法，你在三個層面上創造。創造的工具是：思想、語言和行為。

5所有的創造都以思想開始（「由聖父開始」），然後移向語言（「你們求，必要給你們；你們找，必要找著」），最後以行為實現（「聖言」成了血肉，寄居在我們中間」）。

6你思考過，但卻從未說過的事，在某個層面創造。你思考過，並且說過的事，在另一個層面創造。你思考過、說過，並且做過的事，在你們的世界裡具體顯現出來。

7去思、言和行你並不真正相信的事是不可能的。所以，創造的過程必須包括相信或知曉。這是絕對的信心。這超越了希望。這是明白一個確定性（「按照你的信心，你會得治癒」）。所以，創造之「行」的部分永遠包括了明白。它是一種心知肚明，一種全然的確定，一種將某事當作是真實的完全接受。

8這個明白的狀態，是一種強烈而不可置信的感恩狀態，它是一種事前的感激。這也許是創造的最大關鍵：在創造之前便對它感到感激。這種視為理所當然，不但是被原諒的，並且是被鼓勵的。它是精通一樣事的明確記號。所有的大師都事先明白那件事已經做到了。

9享受並慶祝所有你已創造的一切，排斥任何一部分，就是排斥你自己的一部分。它現在展現出來做為你的創造物的一部分，不論是什麼，承認它、保有它、祝福它，並且為之感恩。試著不要去詛咒它（「該死！」），因為詛咒它就是詛咒你自己。

10如果你發現不喜歡創造物的某些面，就祝福它，然後改變它。再選擇一次，召來一個新的實相，思考一個新的想法，說一句新的話，做一件新的事。聲勢驚人的這樣做，而世界其餘的人都會追隨你，叫它追隨，召呼它追隨，說：「我是生命和道路，追隨我。」這就是如何做到「爾旨承行於地，如於天焉」。

如果一切都如此簡單，如果我們只需要十個步驟，為什麼對大多數人而言，事情卻不是這樣的呢？

對所有的人而言，都是行得通的。你們有些人有意識的，帶著全然的覺察去用那「系統」，而有些人無意識的用它，卻從不知道自己在做什麼。

你們有些人非常清醒的走著，而有些人則在夢遊。然而你們所有的人都在用我已經給了你們的力量，以及我剛才描寫的過程，創造你們的現實世界——創造而非發現。

所以，你問我，你的人生何時會「起飛」，而我已給了你答覆。

要使你的人生「起飛」，第一，你要對你如何思考它變得非常清楚。思考一下你想做什麼樣的人，你想做什麼和擁有什麼。常常去思考，直到你對這點非常清楚為止。然後，當你非常清楚時，不要去思考任何別的東西，不要去想像任何其他的可能性。

將所有負面的思維丟到你的思想構築之外，丟去所有的悲觀，釋放所有的懷疑，拒斥所有的恐懼，訓練你的大腦緊抓住原始的創意。

當你的思維是清晰且穩固的時候，開始說出來，做為真理，大聲的說出來，用那召來創造力量的偉大命令句：我是。對別人用「我是」的聲明，「我是」是宇宙裡最強大的創造性聲明，在「我是」這個字之後，不論你想了什麼，說了什麼，就會令它們開始運轉而變成你的經驗，召它們前來，帶它們到你身上來。

除此之外，宇宙不知還有別的運作方式。它不知有其他的路好走，宇宙對「我是」反應，就如一個瓶中精靈一樣。（譯注：西洋童話裡，瓶中精靈會令主人的願望得到滿足。）

你說「釋放所有的懷疑，拒斥所有的恐懼，丟掉所有的悲觀」，就如你在說「代我買條麵包」一樣。但這些事說來容易，做來難，說「將所有負面的思維丟到你的思想構築之外」，就像在說「在午餐前要登上埃弗勒斯峰」一樣。那可是相當棘手的事啊！

駕馭你的思想，控制它們，並沒有表面看來那麼難（攀登埃弗勒斯峰也沒那麼難）。完全是紀律的問題，是意圖的問題。

第一步是學著監控你的思想；去想一想你在想的是什麼。

當你發現自己在想負面的思想——否定你對一件事的最高想法的思想——就再想一次，我要你實在的這樣做。如果你認為自己意志消沉，處於困境，而不會有什麼好結果，就重想一次。如果你認為世界是個壞地方，充滿了負面的事件，重想一次。如果你認為你的人生正在四分五裂，而且看起來好像你再也無法將之還原了，重想一次。

你能夠訓練自己那樣做的（看看你自己曾多成功的訓練自己別去那樣做）。

謝謝你。從來沒有人將這過程如此清晰的擺在我眼前。我希望它做起來像說起來一樣容易。至少現在我已清楚的了解了——我想。

唔，如果你還要複習的話，我們還有好幾世呢！

5 沒有十誡，是十項承諾；神給人自由，而非限制

通往神真正的路是什麼，是透過棄絕嗎？就如一些瑜伽行者所相信的。而所謂的受苦這件事又如何呢？是否如許多禁欲者說的，受苦和服務是通往神之路？我們是否藉由「做好人」而贏得上天堂，如這麼多宗教所教導的？或是我們有自由為所欲為，違反或忽視任何規定，擱置任何傳統教誨，投入任何自我放縱，因而得到涅槃，如許多新時代人所說的？是哪一樣？嚴格的道德標準，或隨你高興就好？是哪一樣？傳統價值或邊走邊編造出新價值？是哪一樣？十誡或悟道七階？

你一定要一個確定的方式，是不是？……可不可以是「以上皆非」呢？

我不知道，我在問你。

那麼，我將以你最能了解的方式答覆你。雖然我要告訴你的是，答案就在你內心。對所有聽見我的話和尋求我的真理的人，我都是這麼說。

每一顆真誠詢問「通往神的路」是哪一條的心，都被示以這條路。每一個都被給以一個至誠的真理。順著你的心路到我這兒來，而別經由你的頭腦之路。在你的頭腦裡，你永遠找不到我。

要想真正認識神，你必須忘記你的頭腦（out of mind，譯注：本為發瘋、心神錯亂之意。在修行上用為隨心，跟著感覺走，而不是在理智上分析之意）。

然而你的問題要求一個答覆，而我也不會避而不答。

我將以一個會驚嚇你——並且也許會觸怒許多人——的聲明來開頭：根本沒有「十誡」這回事。

哦，老天啊，沒有十誡嗎？

不，沒有十誡。我要誡律誰？我自己嗎？而且為何需要這種誡命？我想要什麼，就成了。所以，何需誡律任何人呢？

如果我真的頒布了誡命，它們豈不會自動被遵守嗎？我怎麼可能那麼希望某事是什麼樣子，以致頒布了命令——然後坐在一邊，眼看著它不是那個樣子呢？

哪一種國王、哪一種統治者會那樣做？

然而我告訴你：我既非國王，也非統治者，我只不過是令人敬畏的創世者。然而創世者並不統治，卻只創造，創造——並且繼續創造。

我以我的肖像創造了你們——祝福了你們，而且我曾給了你們某些應允和承諾。我曾以明白的語言告訴過你們，當你們變得與我為一時，會是什麼感覺。

你們——就跟摩西一樣——都是真誠的求道者。就如你現在一樣，摩西也曾站在我面前，乞求答案。「哦，我祖先的神啊！」他呼道：「請祢紆尊降貴顯現給我。給我一個可以告訴人民的記號，我們怎麼能得知我們是被揀選的？」

而我帶來一個神聖的盟約——一個永恆的允諾——一個確定的承諾——給摩西，就如我現在來到你面前一樣。摩西憂傷的說：「我怎麼能確定呢？」我說：「因為我這樣告訴你，你聽到了神的話。」

神的話並非誡命，卻是盟約。就是……

十項承諾（TEN COMMITMENTS）。

因為在你內在會有這些記號、這些徵兆、這些改變，你將明白你已走上了通往神的道路，並且你將明白你已找到了神：

1你將全心、全靈、全意的愛神。並且你不會將別的神放在我前面。你不會再崇拜人類的愛，或成功、金錢、權力，或任何的象徵。你會把這些事物擱在一邊，就像小孩將玩具擱在一邊一樣。並非由於它們不夠好，卻是由於你已經長大到不再需它們了。

並且，你將明白你已走上了通往神之路，因為：

2你將不會妄用神之名。你也不會為了不重要的事呼求我。你將了解思想與言語的力量，而你不想以一種不虔敬的方式稱神的名。你不會妄用我的名，因為你無法那樣做。因為我之名——偉大的「我是」——永遠不能被妄用（就是說，沒有結果），將來也不可能被妄用。而當你找到了神，你將明白這點。

而我也將給你一些其他的記號：

3你將會記得給我留一天，並且稱之為神聖的。如此則你不至於長久停留在你的幻象裡，而會使你自己記起你是誰和是什麼。然後你很快的便會稱每一天為安息日，而每一刻為神聖的。

4你會榮耀你的雙親——當你在所有的思想、言語、行為中都榮耀你的父母神時，你會明白你是神的子女。並且，就像你榮耀父母神，以及你在世上的父母（因為他們給了你生命），你也會榮耀任何人。

5當你觀察到你不會謀殺（即是說，沒有理由的故意殺人）時，你就明白你已找到了神。因為，當你了解自己在任何情形都無法結束另一個人的生命（所有的生命都是永恆的），若無最神聖的理由，你不會選擇去終止任何一個特定的化身，也不會改變任何一個生命能量的形式。你對生命的新敬意會令你尊重所有的生命形式——包括植物、樹木和動物——而只有為了最高善，才會去衝擊它們。

而且，我也會給你其他的記號，使你明白你已上了路：

6你不會以不誠實或欺騙褻瀆愛的純潔，因為這是姦淫。我答應你，當你已找到了神，你不會行姦淫。

7你不會取不義之財，也不會為了得到任何事物去欺騙、共謀，或傷害別人，因為這是偷盜。我答應你，當你已找到神，你不會偷盜。

你也不會……

8說不誠實的話，因而做了偽證。

你也不會……

9貪圖鄰人之妻，因為當你明白所有其他人都是你的妻，你又怎麼會貪圖鄰人之妻呢？

10貪圖鄰人的財物，因為當你知道所有的財物都可以是你的，而所有你的財物都屬於世界時，你為什麼還會想要你鄰人的財物呢？

當你看見這些記號時，你將明白你已找到了通達神之路。因為我答應，沒有一個真正尋找神的人會再做這些事情。他根本不可能繼續這種行為。

這些是你的自由，而非你的限制。這些是我的約定，而非我的誡命。因為神不會支使和命令神所創造的事物——神只告訴神的兒女：這就是你如何得以知道你已在回家的路上的記號。

摩西迫切的問——「我怎麼會知道呢？給我一個徵兆。」摩西問的是你現在問的同樣問題。有史以來，所有地方、所有的人都在問同樣的問題，我的答覆同樣也是永恆不變的。但它從不是、也不會是個誡命。因為，我該命令誰呢？而且如果我的誡命沒被遵守，我又該處罰誰呢？

除了我之外，並無其他。

那麼，我並不需要恪守十誡才能上天堂囉？

根本沒有所謂「上天堂」這回事，只有你已經在那的一種明白。那是一種接受，一種了解，而不是努力追求或奮鬥。

你無法去你已經在的地方，除非你先離開你在的地方，而那是自己扯自己後腿。

但諷刺的是，大多數人認為他們必須離開他們現在的地方，以便去到他們想在的地方。因此他們離開天堂，只為了去天堂——中間還經過了地獄。

悟道（enlightenment）就是：了解無處可去，無事可做，而且除了你現在是的那個人之外，你也不必做任何其他人。

你在一條無處可去的旅途上。

所以你們所謂的天堂是烏有之鄉（nowhere）。讓我們在w與h這兩個字之間留一點空間，你就會明白天堂就是此時……此地（now...here）。

每個人都這樣說！每個人都那樣說！逼得我快瘋了！如果「天堂就是此時此地」，為什麼我看不見它？為什麼我感覺不到它？而且，為什麼世界是如此的一場糊塗？

我了解你的挫敗感。但要試圖了解這一切，就和試圖要別人了解它幾乎一樣的令人挫敗。

哇！等一等！你難道是說，神也會有挫敗感？

你以為是誰發明了挫敗感的？你能想像什麼是你所能經驗的而我無法經驗的事物嗎？

我告訴你：你有的每個經驗，我都有。你難道看不出我是透過你來經驗我自己嗎？否則你以為這一切又是所為何來呢？

若非有你，我無法認識我自己。我創造了你，以便認識我是誰。

但現在我不會在一章裡粉碎你們對我的所有幻想——所以我告訴你，在我最崇高的形式裡，即你們稱為神的形式，我並不會經驗挫敗感。

呼！那好多了！你剛才嚇到了我。

但那並非由於我無法經驗，而只是由於我沒選擇去那樣做。附帶說一句，你也可以做同樣的選擇。

但是，不論挫敗與否，我仍覺得奇怪，怎麼可能天堂就在此，而我卻沒經驗到它！

你無法經驗你所不知道的事物。由於你沒體驗到你是在天堂裡，你便不知道你在天堂。你明白嗎？對你而言，這是個惡性循環。你無法——尚未找到方法——經驗你所不知道的事物，而你不知道你未曾經驗過的事物。

「悟道」叫你做的是，知道某件你沒經驗過的事，從而經驗到它。「知道」打開了經驗之門——與你們的想像剛好相反。

事實上，你們知道的遠比你們經驗過的多。你只不過不知道你知道而已。

舉例來說，你知道有一個神存在，但你可能不知道你知道這事，所以你一直等待著那個經驗。但你一直有那個經驗，然而你卻是無所知的有那個經驗——那就和沒有那個經驗是一樣的。

天哪，我們一直在這兒兜圈子嘛！

沒錯。而與其兜圈子，也許我們不如成為那圈子本身。這不必是個惡性循環的圈子，它可以是個崇高的圈子。

「棄絕」是否是真正的靈性生活的一部分？

是的，因為所有的靈終究都會棄絕所有不真實的東西，而在你所過的生活中，除了你與我的關係之外，沒有一種是真實的。然而傳統意義的「自我否定」的棄絕是不必要的。

一位真正的大師並不「放棄」某種事物。一個真正的大師只不過將之擱置一旁，就如他會將任何他不再有用的事物放在一旁一樣。

有些人說，你必須戰勝你的欲望，我卻說你只不過需要改變它們。第一種方法感覺起來像是一種宗教性的訓練，第二種則是一種歡喜的練習。

有些人說，你必須戰勝所有世俗的激情才能認識神。然而只要了解並接受它們就夠了。你所抵抗的事物會持續存在，你所靜觀（look at）的事物會消失。

那些誠摯的想要戰勝所有世俗激情的人，往往由於如此努力，以至於可以說，那反而變成了他們的激情。他們「對神有種激情」；想認識神的激情。但激情就是激情，用一種激情來換另一種，並不能消滅它。

所以，別判斷你感到激情的事物。只要注意到它，然後看看它是否於你有用，是否對你想成為誰或什麼有用。

記住，你經常不斷的在創造你自己的行動裡。你在每個片刻決定你是誰及是什麼。你大半透過你對誰或什麼覺得很熱情，因而做的選擇來決定這點。

往往你們所謂的一個走上了靈修之路的人，看起來好像他正棄絕了所有世俗的激情、所有人類的欲望。但他所做的是：了解它，看清幻象，而離開那於他無益的激情——同時卻由於那幻象所曾帶給他的：可以完全自由的機會，而一直摯愛那幻象。

激情是將存在轉成行動的愛，它是創造引擎的燃料，它將觀念變成了經驗。

激情是火，鼓動我們去表現我們真正是誰。永遠別否定激情，因為那就是否定了你是誰及你真的想要做誰。

棄絕永不否定激情——棄絕只不過否定對結果的執著。激情是愛做事，做事就是被體驗到的存在。然而，什麼常常被創造為「故事」的一部分呢？期待。

沒有期待的過你的生活——沒有要求明確結果的需要——那才是自由，那才是如神似的，那就是我所生活的樣子。

你不執著於結果？

絕對不執著。我的喜悅在創造，而非結果。棄絕並非否定行動的一個決定，棄絕是否定要有一個特定結果的決定，這大有不同。

可否請你解釋「激情是將存在轉成行動的愛」這句話的意思？

如如（beingness）是存在（existence）的最高狀態。它是最純粹的情緒。它是神的「現在——非現在」，「一切——非一切」，「永遠——從不」的面相。

純粹的如如就是純粹做神（God-ing）。

然而，我們永遠不能滿足於只是存在。我們一向渴望體驗我們是什麼——而那需要神性的完全不同的另一面，那稱為活動（doing）。

讓我們假設，在你神妙的自己的核心，你是神那被稱為「愛」的「一面」（附帶說一句，這是你的真相）。

且說，做為愛是一回事——而去做某件有愛心的事則又是另一回事了。靈魂渴望去做有關自己是什麼的某件事，以便可以在自身的經驗裡認識自己，所以靈魂會試圖透過行動去實現自己最高超的理念。

這個對行動的渴望就稱為激情。殺死激情，你便殺死了神。激情是神想要說「喂」。

但，你明白嗎，神（或在你內在的神）一旦做了那有愛心的事，神就已實現了他自己，而不再需要更多的事物了。

而在另一方面，人類則往往有這樣的想法，就是覺得在他的投資上需要有利潤。如果我們要愛某個人，很好——但我們最好能得到一些愛的回報。

這不是激情，這是期待。

這是人不快樂的最大緣由，這是分離人和神的東西。

透過某些東方神秘主義者曾稱為三摩地（samadhi）的經驗，棄絕者尋求終止這分離，亦即與神的合一——融入了神。

因此，棄絕是棄絕結果——但永不、從不棄絕激情。的確，大師直覺的知道，熱情即道路，它走到自我實現之路。

縱使以世俗的說法，也可以公平的說，如果你沒對任何事物有熱情，你根本就沒有生命。

你說過：「你抵抗什麼，什麼就會堅持持續，你靜觀什麼，什麼就會消失。」你能解釋一下嗎？

你無法抵抗你沒給它真實性的事物，抵抗一件事物的舉動，就是給予它生命。當抵抗一個能量，你就將它放在那兒了。你越抵抗，你就越令它真實——不論你在抵抗什麼。

而當你張開眼睛觀看什麼，它卻消失了。那就是說，它不再保有其幻象的形式。

如果你看著一件事物——真正的看它——你會看透它，並且看透它帶給你的任何幻象，在你眼中只留下了終極的實相。在終極實相面前，你軟弱的幻象沒有力量，幻象無法將你長久把持在它變弱的掌握裡。你看見它的真相，而真相令你自由。

但，如果你不想讓注視的事物消失呢？

你應當永遠想要它消失！在你們的世界裡，沒有事物值得你抓住。然而，如果你真的選擇了你人生的幻象，而不要終極實相，你可以簡單的重新創造它——正如你一開始創造它一樣。以這方式，你可以在你人生裡有你選擇要有的事物，而消除不再希望經驗的事物。

然而，永遠不要抵抗任何事物。如果你認為藉由你的抵抗，你會消滅它，你最好再想一次！因為你只不過將它種得更堅固。我難道沒告訴過你，所有的思維都是創造性的嗎？

縱使是說「我不要某樣事物」的思維嗎？

如果你不要它，為什麼要去想它。別再去想它了。然而，如果你必得想它——也就是說，如果你無法不去想它——那麼，不要抵抗它。反倒是，直接的看這不管是什麼的事物——接受它為你的創造物——然後選擇保有或不保有它，隨你高興。

是什麼因素讓我決定是否要保有一樣事物？

你認為你是誰和是什麼，以及你選擇要做誰和做什麼。

這決定了所有的選擇——你在人生中所做過以及將會做的每一個選擇。

那麼，棄絕世俗者的生活是一條不正確的路囉？

那並非一項真理。「棄絕」這個字具有錯誤的意義。說實在的，你無法棄絕任何事物——因為你抵抗什麼，什麼就會持續。真正棄世者並不棄絕，卻只是做了不同的選擇。這是個向某件事物靠近、而非遠離它的動作。

你無法離開某樣事物，因為它會追隨你到天涯海角又回來。所以，不要抵抗誘惑——只簡單的掉頭。轉向我，轉離任何不像我的事物。

但要知道：沒有不正確的途徑這種事物——因為在這旅途上，你無法「不到」你去的地方。

只不過是速度的問題——只不過是你何時抵達的問題——然而，即使這樣也是個幻象，因為並沒有「何時」，也沒有「之前」或「之後」，只有現在；一個永恆的片刻，你在其中經驗你自己。

那又有何意義？如果沒有辦法到不了那兒，人生又有什麼意義？我們又何必擔心我們做的任何事呢？

是啊，當然你不該擔心，但小心觀察是很好的。只是注意你正在做誰和做什麼，擁有什麼，看看它是否於你有利。

人生的重點並非到達任何地方——人生是注意到你已經在那裡，並且一向都在那裡。你一直並且永遠都在純粹創造的片刻。所以，人生的重點是創造——創造你是誰和是什麼，然後去經驗它。

6 受苦是人類經驗裡不必要的一部分

那受苦又是什麼呢？受苦是否是通往神的道路？有些人說它是唯一的道路。

我並不喜歡見人受苦。不論什麼人說我是這樣的話，他就是不了解我。受苦是人類經驗裡不必要的一部分。它不僅不必要，它還是不明智、令人不舒服，並且對你的健康有害的。

那麼，為什麼有這麼多人在受苦？如果你是神，你為什麼不終止一切受苦，如果你這麼不喜歡它的話？

我已終止了，只不過你們拒絕用我所給予的工具去實現這點。

你明白嗎，受苦與事件毫不相干，卻與一個人對它的反應有關。

發生的事，只不過是發生的事；你對它感覺如何，則又是另一回事。

我給過你們一些工具，你們可用來對事件反應，以便減低——事實上，是消除——痛苦，但你們並沒去利用那些工具。

對不起。但為何你不消除那些事件呢？

很好的建議。但不幸的是，我無法控制它們。

你對這些事件沒有控制力？

當然沒有。事件是你們選擇在某個時間與空間裡製造出來的事情——而我永遠不會干涉選擇。那樣做的話，就是除去了我創造你們的理由。關於這點，我在前面已解釋過所有這一切了。

有些事件你們是有意的製造出來的；有些事件是你將它們吸引來的——多少無意識的。而有些事件——你說的這一類事件包括了主要的天災——則被推給了「命運」。

然而，即使是「命運」，也可以是「發自所有各處的一切思維」的同義語。換言之，即地球的意識。

集體意識。

完全正確。

有些人說世界正在加速的走上毀滅之途，我們的生態正在死亡，我們的星球正面臨一個重大的地球物理學上的災禍，地震、火山，甚至地球的軸可能會傾斜。而有些人則說集體意識可以改變所有這一切；說我們可以用我們的思維救地球。

造成行動的是思維。如果各地都有足夠的人相信必須做某些事來幫助環境，你們就救得了地球。但你們必須趕快努力，因為有這麼多的傷害已經造成，並且已經這麼久了，而這需要非常重大的心態變換。

你的意思是，如果我們沒有改變，我們就會見到地球——及其居民——被毀滅。

我已制定了很清楚的物質宇宙定律，以便每個人都能理解。我也已畫出了夠清楚的因果律（laws of cause and effect）梗概給你們的科學家們、物理學家們，再透過他們轉給你們的世界領袖。我並不需要在此再一次的敘述這些定律的要點。

那再回頭談談受苦——我們到底是從哪兒得到說受苦是好的，以及聖人是「默默的忍受著痛苦」的這個想法？

聖人的確是「默默的忍受痛苦」，但那並不意謂著受苦是好的。在「學習做主的學校」

（school of Mastery）裡的學生們默默的受苦，是因為他們了解，受苦並非通往神的道路，而毋寧是一個明顯的徵狀：就是對於神的道路仍然有需要學習、需要憶起的事。

真正的大師根本不會默默的受苦，而只不過顯出沒有抱怨的受苦的樣子。真正的大師不抱怨的理由是，真正的大師並沒受苦，而只是在經驗一套你會稱之為不可忍受的境遇。一位身體力行的大師不講受苦，只因為他很清楚語言（the Word）的力量——因而選擇根本不發一言。

我們讓自己注意的事物成真，大師明白這點。所以對她選擇使之成真的事物，大師讓自己站在選擇的地位。

你們所有的人也都時常這樣做。一個頭痛的消失，或使得一次看牙醫較不痛苦，沒有一個不是經由你們自己的決定而達成的。

而大師只不過是對於更大的事情做了相同的決定。

但為何要有受苦這件事呢？甚至，為什麼要有受苦的可能性呢？

如我已經解釋給你們聽過的，如果沒有「你不是的東西」，你無法認識並且變成「你是的東西」。

我還是不了解，我們「受苦是好的」這個想法是哪來的？

你堅持質疑這個是很明智的。圍繞著「默默的受苦」的原始智慧已被如此的曲解，以至於現在許多人相信（並且好幾種宗教真的在教導）受苦是好的，而喜悅是壞的。所以，如果某人得了癌症，卻保守秘密，你們認為他是個聖人；然而，如果有人有（挑個爆炸性的話題）旺盛的性生活，並且公然的禮讚性，她就是個罪人。

哇塞！你真的挑了個爆炸性話題。並且你也聰明的變換了代名詞的性別，從男性變為女性。那是為了說明要點嗎？

那是為了顯示給你們看你們的偏見。你們不喜歡把女人想作有旺盛的性生活，更別說公然的禮讚它了。你們寧願看見一個男人不呻吟的死於沙場，而不願見到一個女人在街上呻吟著做愛。

難道你不會嗎？

我不會判斷或偏袒任何一方。但你們有種種的判斷——而我必須說的，是你們的判斷使你們得不到喜悅；是你們的期望使你們不快樂。

所有這些加起來，就引起你們的不適（dis-ease），因而肇始了你們痛苦的因由！

我怎麼知道你現在所說是真實的呢？我又怎麼知道這是神在說話，而非我自己過度的想像力呢？

你以前曾問過這個問題。我的答覆還是相同的。但這中間又有何分別呢？縱使我說過的每件事都是「錯的」，你又能想到更好的生活之道嗎？

不能。

那麼，「錯的」是對的，而「對的」是錯的！

然而，我要告訴你一件事，以幫助你脫困：就是別相信我說的任何一句話。只要去實行它，經驗它。然後實行你想要構建的任何其他的範型（paradigm），之後再以你的經驗來找到你的真理。

有一天，如果你們有足夠的勇氣，你們將經驗到一個不同的世界，在其中，做愛會被認為比做戰好得多。而在那一天，你們將歡欣鼓舞！

7 看看靈性遊戲帶你到了哪步田地

人生是如此可怕，並且如此令人迷惑。我希望事情可以更清晰些。

如果你不執著於結果，人生一點都不可怕。

你是指如果你不想要任何事物的話。

沒錯。選擇，但並不「想要」。

對於那些沒有任何人依靠他們的人，這說來容易。但如果你有太太和孩子呢？

做一家之長的人的道路一向都是很具挑戰性的。也許根本就是最具挑戰性的吧！正如你指出的，當你只處理你自己一個人時，是很容易「不需要任何事物」。而當你有其他所愛的人時，很自然的，你就只希望他們有最好的事物。

當你無法給他們你想要他們有的一切時，你會很難過。一座好房子、一些不錯的衣服、足夠的食物。我覺得好像光是使收支平衡，就讓我奮鬥了二十年。而我仍然沒有什麼足以傲人的表現。

你是指以物質的財富而言？

我的意思是，只就一個男人會希望傳給他的兒女的一些基本事物而言。我的意思是，只就一個男人會想供給他太太的某些非常簡單的事物而言。

我懂了。你認為提供所有這些事物是你人生的任務。那這是否就是你想像你的人生該是的樣子？

我不確定我是否這樣說了。但這並非我人生的主旨，而如果這可以是個附加價值的話，那顯然也很不賴。

哦，那麼讓我們回頭看看。你到底覺得你的人生所為何來？

這是個好問題。多年以來，我對這問題有過許多不同的答案。

你目前的答案是什麼？

我覺得對這個問題我彷彿有兩個答案：我喜歡看到的答案，和我真正看到的答案。

你喜歡看到的答案是什麼？

我喜歡看到我的人生是有關我靈魂的進化。我喜歡看到我的人生是有關表達和經驗我最愛的我的那個部分。我的那個部分，有同情心、有耐心、願付出，並且願助人的部分。我的那個明智、寬容和……愛的部分。

聽起來像是你一直在讀這本書嘛！

是的，在玄秘的層面上，它是本很美的書，而我正試著想出如何「付諸實行」的辦法。而關於我的另一個答案，我看到我的人生真正是什麼的問題，答案是：它是關於日常的生存問題。

哦，而你認為這一個排除了另一個？

嗯……

你認為玄秘部分排除了生存問題？

事實是，我希望做的是不只為了生存的事。但是這些年來，我一直都是這樣存活著。可是現在我希望，只為了生存而奮鬥這件事能終止。我看得出來，只是日復一日的生存仍然是個奮鬥。我想做些不只是求存活的事。我想要發財。

你所謂的發財是什麼意思呢？

擁有足夠的錢，所以我不必擔心我下一塊錢從哪兒來；不必感受到壓力，只為要付房租或付電話費。我的意思是，我恨我這麼俗氣，但我們在這兒談的是真實的生活，而非你這整本書所描畫出的關於人生的空靈浪漫的畫面。

我是否聽到了一絲憤怒啊？

說憤怒不如說是挫折。我玩靈性遊戲已不只二十年，看看它帶我到了哪步田地！離救濟院只有一步之遙了！而如今我又失了業，眼看著馬上又沒進帳。我對這種掙扎真是厭倦透了！我今年四十九歲了，我希望在人生中有點保障，以使我能貢獻更多時間在「神」這碼子事，在靈魂「進化」等等上。那是我心之所欲，但並非我的人生所允許我走的方向……

嗯，你剛才所說的一大堆話，你所談到的那種經驗，我想你已說出了很多人的心聲。我會一句一句的回答你的心聲，這樣我們就可以很容易的追蹤和分解答案。

你並沒有「玩靈性的遊戲」玩了二十年，你只不過擦過它的邊緣罷了（順帶說一句，這並非「責備」，只是句真話而已）。我承認二十年來你曾看著它；與它眉來眼去；偶爾實驗一下……但直到最近，我都沒感覺到你對那遊戲有過什麼真正的——最真的——承諾。

讓我們講更清楚些，「玩靈性的遊戲」意謂著奉獻你的全心、全身、全靈給創造「肖似神的自己」的過程。

這是東方神秘主義者曾寫過的有關自我實現的過程，也是西方神學鑽研甚多的救贖過程。這是日復一日、每個小時、每分每秒的超越意識（supreme conciousness）的作用。它是每個瞬間的選擇和再選擇，它是個繼續不斷的創造，有意識的創造，有目的的創造。它是利用我們討論過的創造工具，並且以覺察和崇高的意向去用它們。

那才是「玩靈性的遊戲」。而現在，你這樣做了多久呀？

我好像甚至還沒開始呢！

別從一個極端跳到另一個極端，並且別待自己這麼苛刻。你是曾致力於這個過程，並且事實上，你比你歸功於自己的要努力得多。但你並沒有努力了二十年——還差得遠呢！然而事實上是，你曾努力多久並不重要。而是你目前還在努力嗎？那才是重點。

讓我們繼續談你前面的聲明。你叫我「看看它帶你到了哪步田地」，而你描寫自己「離救濟院只有一步之遙」。但我看著你，卻看到一個十分不同的事物。我看到一個離富貴之屋只一步之遙的人！你覺得你離湮滅只差一張薪水支票，而我看你則是離涅槃只差一張薪水支票。當然，這大半要看你將什麼當作是你的「報酬」，而你努力的目標是什麼而定。

如果你人生的目的是獲得你所謂的保障，那我明白，並且了解你為何會感覺你是「離救濟院只有一張薪水支票之遙」。然而，即使是這項評定，也還是有改正的空間！因為，隨著我的報酬，所有好的事物都會到你身上，包括在物質世界裡感覺安全的經驗。

我的報酬——當你為我「工作」時，你得到的收益——提供了比物質上的安適多得多的事物。你也可以得到物質上的安適。然而，諷刺的是，一旦你經驗到我的收益所提供的那種心靈上的安適，你將發現，你最不會擔心的就是物質上的安適。

甚至你家人的物質安適也不再會令你憂心，因為一旦你上升到神的意識層面，你將了解自己不必為任何別的人負責，而且，雖然希望每個靈魂都過著安適的生活是值得讚揚的，但每個靈魂在每一瞬間都必須選擇——都在選擇——其他本身的命運。

很明顯的，故意去凌辱或毀滅別人並非最高尚的舉動。很明顯的，忽視那些你招致來依賴你的人的需要，也同樣的不妥。

你的責任是令他們獨立；教他們盡可能快速且完全的知道如何沒有你還能過日子。因為，如果他們需要你才活得下去的話，你對他們而言就並非一項賜福。只有當他們醒悟到你是不必要的時候，你才真的是他們的一項賜福。

同樣的，當你醒悟到你不需要神時，也才是神最快樂的時刻。

我知道，知道……這和你一向被教導的一切正相反。然而你的老師卻告訴你有這麼一位憤怒的神、一位嫉妒的神、一位需要被需要的神。那根本不是神，卻是神明的一個神經質的替代品。

一位真正的大師並非擁有最多學生的人，而是創造出最多大師的人。

一位真正的領袖並非擁有最多追隨者的人，而是創造出最多領袖的人。

一位真正的國王並非擁有最多臣民的人，而是引領最多人得到王權的人。

一位真正的老師並非最有知識的人，而是令最多人擁有知識的人。

而一位真正的神，並非擁有最多佣僕的那一位，卻是為最多人服務的。因而使得所有其他人都成為神的那一位。

因為這是神的目標，也是神的榮耀：即，他不再有臣民，並且所有的人都認識到，神並非那不可及的，卻是那不可避免的。

我希望你能了解這點，就是：你快樂的命運是不可避免的。你無法不「得救」，除了不明白這點之外，並沒有別的地獄。

所以現在，做為雙親、配偶及被愛的人，不要將你的愛造成一種黏人的膠，毋寧成為一塊磁石。它首先吸引，然後轉而拒斥，以免被吸引的人開始相信他們必須黏著你才能存活。再沒有比這離真相更遠的了，再沒有比這對別人為害更甚的了。

讓你的愛推你所愛的人進入世界——並且進入完全體驗他們是誰的經驗裡。這樣做，你才算是真正愛過人。

「一家之長」的道路是個了不起的挑戰。有許多令你分心的事，許多世俗的憂慮。苦修者則完全不受這類干擾。人們會帶給他麵包和水，送給他簡陋的草蓆躺臥，他則可以奉獻他的每個小時給祈禱、冥想及沉思神。在這種情況下是多麼容易看見神！多麼簡單的任務！啊，但是一個有配偶和孩子的人呢？在一個半夜三點需要換尿布的嬰兒身上看見神，在月初必須付清的一張張帳單裡看見神，在令其配偶一命嗚呼的病、在失去的工作、在孩子的寒熱症、在做父母的痛苦裡認出了神之手。現在我們講到的已是聖人的行止了！

我了解你的疲倦，我明白你已掙扎的厭倦了。然而我告訴你這點：當你跟隨我，掙扎便不見了。住在你的神性空間裡，事件全都會變成祝福。

當我失了業、房租等著要付、孩子們需要看牙醫，我如何能到達我的神性空間呢？而處在我的高高的、哲學的空間裡，才彷彿是最無法解決任何問題的一種方法。

當你最需要我時，不要背棄我。現在正是你面臨最大考驗的時候，現在是你最大的機會，正是證明寫在這裡的每件事的機會。

當我說「別背棄我」，我聽起來像是我們談起過的那個欠缺的、神經質的神。但我並不是。你大可以如你所願的「背棄我」，我並不在乎，而那並不會改變我們之間的分毫關係。我這樣說是在答覆你的問題，往往在你遭遇困難時，你會忘了你是誰，以及我賦予你的、創造你想選擇的人生的工具。

你現在比任何其他時候更需要去到你的神性空間。首先，它會帶給你內心最大的平安，平安的心才會流出了不起的想法，可以解決你想像自己所有的最大問題的想法。

其次，在你的神性空間裡，你才能自我實現，而那是你靈魂的目的——唯一目的。當你在你的神性空間裡時，你知道並且了解你現在經驗的事情全是暫時的。我告訴你，天堂和地球即將消逝，但你卻不會。這恆久的觀點有助你以正確的方式看事情。

你能界定這些目前的狀況和環境，如它們本來真是的樣子：暫時並且現世的。你隨時可以利用它們為工具，因為那就是它們本是的事物，暫時的、現世的工具，用以創造現在的經驗。

你究竟自以為你是誰？在與所謂失業這個經驗的關係上，你認為你是誰？並且，也許更重要的是，你認為我是誰？你是否想像這個難題於我而言是太大了，我沒法解決？要想脫困是否是太大的奇蹟，我無法處理？我了解你可能認為它是太大的困難，你無法處理，甚至以我曾給過你的所有工具而言——但難道你真的認為對我而言這問題也太大了嗎？

在理性上，我知道對神而言沒有一件工作會是太大的。但情感上，我想我無法確定，並非你是否能處理它，而是你肯不肯處理它。

我明白了。所以是信心的問題。

是的。

你不是質疑我的能力，你只不過懷疑我的意願。

你知道嗎，我仍活在某種神學裡，它說，在這兒的某處，也許有個我該學的教訓。我仍然不確定我是否該得到解答，也許我該有的就是一個問題吧！也許這是我的神學一直告訴我的「考驗」之一。所以我擔心這個問題也許不會被解決。擔心這是你要讓我跟它一同懸在這兒的那種問題之一……

也許現在正是再一次談談我與你如何互動的好時機，因為你認為這是我的意願的問題，而我卻告訴你它是你的問題。

我希望你擁有你想要擁有的事物，不多也不少。我並不是坐在這兒對每件要求一一的下判斷，看看是否該應允你某樣事物。

我的律法是因與果的律法，並非「我們將考慮看看」。沒有你不能有的事物，如果你選擇它的話，甚至在你請求之前，我就會將它給你。你相信嗎？

不相信。我很抱歉，我看過太多的祈禱沒被應允。

不必道歉。只要永遠守住真實——你經驗的真實。我了解，我也尊重你的看法。我不會在意的。

很好，因為我不相信我要什麼就能得到什麼。我的人生並不是這句話的一個證明。事實上，我鮮少得到我要求的事物。而當我真的得到時，我只會認為自己是真他媽的走運（damned lucky）。

你選擇的用字很有趣哦！看來彷彿你有一個選擇：在你人生中，你可以是他媽的走運，或你可以很有福氣（blessing lucky）的走運。我寧願你是有福氣——但，當然，我永遠不會干涉你的決定。

我告訴你：你永遠會得到你所創造的事物，並且你也永遠在創造。

我對你招致的創造並不下判斷，我只不過賦予你力量去招來更多——更多又更多又更多。如果你不喜歡你剛剛創造出來的事物，就再選擇一次。身為神，我的工作是永遠給你機會。

你說你總是沒得到你想要的事物。然而我在此告訴你，你永遠會得到你招來的事物。

你的人生永遠是你對它的想法的一個結果——包括你鮮少得到你所選擇的事物，這個顯然具創造性的想法。

現在，在這目前的例子裡，在你失業這件事裡，你視自己為那情況的受害者。然而，事實是，你不再選擇那件工作。你不再於早晨懷著希望起床，反而是開始懷著恐懼起床。你不再對你的工作感到快樂，而是開始感覺憎惡。你甚至開始幻想自己在做別的工作。

你認為這些事毫無意義嗎？你不了解自己的力量。我告訴你：你的人生是由你對生命的意圖而開始進行的。

所以，你現在的意圖是什麼？你是否意圖證明，人生鮮少帶給你你所選擇的事物這個學說？或者你是否意圖表現出你真的是誰以及我是誰？

我覺得很懊惱，好像受了責罰，很窘。

你喜歡那樣子嗎？當你聽到真理時，為什麼不就簡單的承認它，向它移近呢？沒有必要反控你自己。只要留意你選擇過什麼，然後再選擇一次。

但我為什麼老是準備好永遠選擇負面的，然後又打自己屁股？

你又能預期什麼呢？從你還小的時候，你便被教育你是「壞的」，你接受你是誕生於「罪」裡的，感覺愧疚是個學到的反應。在你還不能做任何事之前，你便被教以對你做的事感到愧疚，你被教以為了沒有生來完美而感到羞愧。

你在所謂不完美的狀態裡來到世上，那就是你們的宗教膽敢稱為原罪的東西。而它的確是原罪，但卻非你的原罪。它是由一個完全不認識神的世界永遠加在你身上的第一個罪，那個世界認為神會——或可能會——創造任何不完美的東西。

你們有些宗教曾圍繞著這個誤解建立起整個神學。而那真的就是它的本來面目：一個誤解。因為，我構思的任何事物——所有我賦予生命的一切——都是完美的；是完美本身的完美反映，以肖似我的形象造出來的。

然而，為了要合理化一位會處罰的神的概念，你們的宗教需要創造一些令我憤怒的事。所以，甚至那些過著可為模範生活的人，不知怎的也需要被救贖。如果他們不需要被救離他們自己，那麼他們就需要被救離自己與生俱來的不完美。所以你最好對這些（這些宗教說）採取一些行動，並且要快！不然你便將直接下地獄。

在末了，這也許無法撫平一位奇怪的、報復心重的、憤怒的神，但它倒真的賦予了奇怪的、報復心重的、憤怒的宗教其生命。如此宗教便永續永存。如此權力便保持在少數人的手裡，而非經由眾人的手被體驗。

當然對你自己和你的力量，你經常選擇較差的思維、較小的想法和最渺小的觀念，更別提對我和我的力量了。你是這樣被教導的。

我的天哪，我如何才能除去這些教誨呢？

問得好！並且正問對了人！

你可以藉由一而再的讀這本書來除去那教誨。一遍又一遍的讀，直到你了解每句話，直到你熟悉每個字。當你能向別人引用書中的字句，在最黑暗的時刻，你能想起其中的句子，那你就是「除去了這些教誨」。

然而我還有那麼多的問題想問你，還有那麼多我想知道的。

的確沒錯。你之前已提出了一串非常長的問題。我們要不要再回到那些問題上去？

NOTES

・感受，是靈魂的語言。
你最高的真實便隱藏在最深的感受裡。

NOTES

・最了不起的提醒者，並不是外在的任何人，而是你自己內在的聲音。

NOTES

・你靈魂的唯一願望就是，
將自己最崇高的觀念變成最偉大的經驗。

NOTES

・所有的事件只代表
一個讓你決定做「你是誰」的機會。

NOTES

• 在宇宙裡沒有受害者，
只有創造者。

國家圖書館出版品預行編目資料

與神對話全集／尼爾·唐納·沃許（Neale Donald Walsch）著；
王季慶、孟祥森 譯. -- 初版. -- 臺北市：方智，2012.3
1120面；14.8×20.8公分 --（新時代；151）
譯自：The Complete Conversations with God
ISBN：978-986-175-260-0（全套：隨身典藏版）

1. 超心理學 2. 神

175.9 101001033

The Eurasian Publishing Group
圓神出版事業機構
用心與你對話·網野無限寬廣
方智出版社
Fine Press

http://www.booklife.com.tw inquiries@mail.eurasian.com.tw

新時代 151

與神對話 I（上）

作　　者／尼爾·唐納·沃許（Neale Donald Walsch）
譯　　者／王季慶
發 行 人／簡志忠
出 版 者／方智出版社股份有限公司
地　　址／台北市南京東路四段50號6樓之1
電　　話／（02）2579-6600·2579-8800·2570-3939
傳　　真／（02）2579-0338·2577-3220·2570-3636
郵撥帳號／13633081　方智出版社股份有限公司
總 編 輯／陳秋月
資深主編／賴良珠
責任編輯／張瑋珍
編輯協力／應佳燕
美術編輯／劉鳳剛
行銷企畫／吳幸芳·簡 琳
印務統籌／林永潔
監　　印／高榮祥
校　　對／賴良珠
排　　版／杜易蓉
經 銷 商／叩應股份有限公司
法律顧問／圓神出版事業機構法律顧問　蕭雄淋律師
印　　刷／祥峯印刷廠
2012年3月　初版
2024年8月　24刷

特價：999元（定價：~~1400~~元）　ISBN 978-986-175-260-0

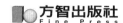